運命は「口ぐせ」で決まる

望みを叶える人に学ぶ　思考を現実化する法則

医学博士　農学博士
佐藤富雄

JN298292

三笠書房

はじめに――これは奇跡ではない……
「あなたの望むもの」が、この理論ですべて手に入る！

人は誰でも、いつも口にする「口ぐせ」どおりの人生を送っているものです。

一種の自己暗示ですが、発した言葉を読み取った脳が、その実現へ向けて動き出すのです。

私自身、この「口ぐせ」の法則を日常生活に活用することで、思考が現実化し、思いどおりの人生を堪能できているといっていいと思います。

私事で恐縮ですが、私は外資系のビジネスマンとして、トップまで上りつめたこともありますし、五十七歳の春からは、このまま俗にいう〝理系バカ〟で終わりたくはないと考えて文科系統の勉強に励み、ＭＢＡ、さらに農学の博士号を取得して、思う存分人生を豊かに広げています。

モノでいえば、熱海に相模灘《なだ》を一望できる広いリビングルームをもった家を買って住み、東京都心にも二つばかり家をもっています。また、ヨットも一艘《そう》もっています。しかし、私は小さいころから恵まれていたわけでは、けっしてありません。貧しい時代の農家のせがれであり、大学の学費を出してもらった以外は、親から一銭たりともらっていません。妻が資産家だったわけでもないのです。

恵まれた生活や夢が実現したのは、私に特別な能力があったからではありません。ただ、この本で紹介する言葉の法則、「口ぐせ」の力を使ってきただけなのです。

「言葉の力」を使えば、思いがけないところから、すべて解決されていきます。

本当に欲しいものがあったり、本当に実現したいということができたら、言葉の力を信じて「口ぐせ」を有効利用することです。環境や職業は関係ありません。

「私はサラリーマンだし、そんなに大きい夢はもてない」「大した能力もないし、夢なんて叶わない」という人もいますが、そんなことは絶対にありません。必ず望みは実現します。

これまでにも、哲学者から宗教者、社会学者に至るまで、古今東西さまざまな人が生き方について語ってきました。

その中には、素晴らしい考え方も数多くあり、なるほど、とうなずくこともしばしばです。しかし、これまでの生き方論、成功論には、どれも大きな限界がありました。

それは、どの人も精神論ばかり述べているという点です。その理由は明らかです。なぜなら、彼らは人生五十年という時代に生きていた人たちだからです。

ところが、私たちが生きている現代は、人生の長さが違っています。今や百歳を元気に生きる時代になっているのです。

そんな時代には、精神論だけではもうもちません。「サイエンス」が必要なのです。


たしかに、「前向きに生きる」「とにかく頑張る」で、いちおうの成功を手に入れることはできます。

しかし、そうやって得た成功から、楽しみを十分に味わえるかというと、それは難しい。そのときには、頑張りの代償として、心も体ももうボロボロになっている人が案外多いのです。

ですから、今、私たちに必要なのは、自分にもともと備わっている自己実現の力を、無理なく、むだなく引き出して、人生に成功し、いつまでも若々しい体で、その収穫を楽しむ方法なのです。

私がこの本で書いた「口ぐせ理論」は、そのためのサイエンスなのです。

人間にはもともと、どんな人にも、「望んでいること」を達成するしくみが脳と精神に備わっているものなのです。

問題は、その働きをどのようにして実際に生かすことができるかという点です。そして、それを可能にするキーワードが、「口ぐせ」なのです。

私の理論を本書で知り、実感することで、誰もが幸せになり、誰もがより素晴らしい人生を送れるように願ってやみません。

みなさんの無限の可能性をもった人生にとって、この本が少しでもお役に立てれば幸いです。

佐藤　富雄

もくじ

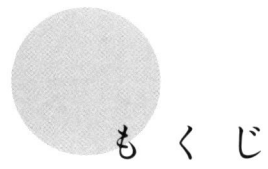

1章

人は誰でも「口ぐせどおりの人生」を歩む

――〝言葉の力〟で誰でも簡単に人生を「いい方向」に動かせる

2章

「望む人生」を口に出した瞬間から……

――〝口ぐせ〟と〝エンドルフィン〟の不思議な関係

3章 思いどおりの人生をつくる「脳のメカニズム」

――〝成功する脳〟はこうしてできる！

4章

驚きの効果！ 短期間で人生はここまで変わる

——ツイてる人に学ぶ〝口ぐせ〟の法則

5章

運をつかむ人の24時間

――〝口ぐせ〟習慣から仕事術・生活術・健康術まで

1章

人は誰でも「口ぐせどおりの人生」を歩む

――〃言葉の力〃で誰でも簡単に人生を「いい方向」に動かせる

1

仕事、お金、健康、「口ぐせ」の法則に例外はない

私は日ごろから、「口ぐせ」が人生をつくっていくと考えています。

心理学の理論から見ても、人間の精神や表現行動に大きな影響力をもつイメージは、必ず言語を通じて表されるということがわかっています。イメージは言葉というかたちをとり、あるいは、言葉というオブラートに包まれて出てくるのです。

そこで、私自身のことを考えてみると、私は自分のやりたいことをいつも口に出していることに気づきました。

学生のころから議論することや夢を人に語るのが好きでしたし、そのときでも、常に前向きな積極的な言語を使っていました。

「私にはできる」「なんとかなるさ」「きっとやってみせる」。このような言葉が、私

の口ぐせとして、いつも使われていたのです。

単純なことのようですが、仕事でも「この契約はうまくいく」と口に出していれば本当にうまくいくのです。

「女優と結婚したい」なんてことも、いつも私が口に出していっていたことです。そして、そのとおり、第一線で女優をしていた妻と知り合い、結婚しました。不思議に思われるかもしれませんが、本当のことなのです。

健康ですら、「私は病気にならない」「いつまでも若い」といっていればそのとおりになります。

もし、あなたの思うようにならなかったり、人生が枠にはめられていると考えるならば、それはあなたの言葉によってつくられているのです。

「今は仕事が忙しいので、やりたいことができません」

「今は子供に時間をとられて」

「会社員の身ですから」

「そんなに給料をもらっていませんから」

「いつも運が悪いんです」……。

このようなネガティブな言葉を使っている人が、なんと多いことでしょう。これでは、自分の思うような人生どころか、楽しい人生さえ送れません。いつか暇ができたら、いつかお金ができたらといっているうちに、人生は終わってしまいます。

世の中にはいろいろな人がいますが、なんでも可能であると思っている人だけが、それを可能にするのです。自分に可能性がないと思った人に、大きな未来が開けてくるわけがありません。

私にしても、はじめから今の生活があったわけではありません。

私にあったのは、こうしたい、このようになりたいという強い欲求と、積極的な言葉です。それが、私の原動力となり、あらゆることへ挑戦していく力となったのです。そして、その結果がまた次の可能性に挑戦していく力となり、繰り返し繰り返し、私をふるい立たせていったのです。

私が自信をもっていえるのは、私は私の理論を、自分の身をもって実践してきたということです。頭の中にイメージを広げ、可能性を探り出し、言葉によって表現する。これを確実に自分のものにしてきました。そして、これは私だけではなく、誰にでも簡単に実行できるやり方なのです。

2

「思い込む」だけで人生が大きく変わる！

人間は誰でも、実にさまざまなことを考えながら生きています。

今日の昼食は何を食べようか、という日常生活にまつわることから始まって、仕事のこと、家族のこと、恋人のこと、はては自分の存在理由や地球の環境問題に至るまで、その思い描く力には限りがありません。

そして、私たちは、いつもその考えにしたがって行動を起こします。

家族の誰かの誕生日であれば、ケーキを買いに行ったりするでしょう。仕事の計画は綿密に立てられ、その計画どおりにことが運ぶようにアポイントメントをとったり、会議のセッティングを行なったりします。このように、私たちは、自分の考えたとおりの行動を起こしているのです。

さて、ここで考えてみたいのは、私たちの行動をつかさどる思考・考えというものはどこまでが正しいものなのか、どれほど真実に近いのか、ということです。

頭で考えていることは、はたしてすべて〝真実〟といえるのでしょうか。

話をわかりやすくするために、自分の性格のことを考えてみましょう。

性格は人それぞれです。のんびりとしている人もいれば、短気でせっかちな人もいます。あがり性だと考えている人もいれば、本番にとても強いという人もいます。

このように、誰でも〝自分はこういう性格〟と考えていることがあるはずです。

しかし、それには根拠があるのでしょうか。

結論からいいますと、これらはすべて〝思い込み〟です。

〝自分はこういう性格〟と単に思い込んでいるだけのことであって、根拠はありません。今まで生きてきた過程において遭遇したさまざまなことや、そのときに自分が口にした言葉や行動、あるいは家庭環境や自分を取り巻く人々の影響などによって、偶然にかたちづくられただけのものです。

先に述べたように、人間は頭で考えたとおりに行動を起こしますから、思い込みが強ければ強いほど、行動にも表れてくるわけです。

裏を返せば、思い込みを変えることによって、行動も人との接し方も変わってくる結果、性格さえも変えることができるのです。まったく違う自分をつくることもできるわけです。

考えること、思い込むことは、そう難しいことではありません。

自分がこれからやってみたいと思うことや、なりたい自分の像を頭の中に常に明確に思い描いていると、人間の脳は、それを読み取ってかたちにしようとします。

人間の脳というのは、頭で考えたことを実現可能にしていく力がありますから、自分の理想像を思い描くことによって、そのとおりの自分になることができるのです。

つまり、思い込みの力は、自分を生まれ変わらせることもできるのです。

3

〝自信にあふれる自分〟はこうしてつくる

世の中にはいろいろなタイプの人がいて、一人ひとりが違う個性をもっています。そして、人生においても、その人なりの価値観や感受性をもって生きています。その中には、誰が見ても成功していると思われる人がいます。

会社を起こし、自らの手で大きくしている人もいますし、家庭内が円満で、とても幸せそうにしている人もいます。

それらの人たちは、どのような生き方や考え方をしているのでしょうか。人の幸・不幸は、どこで分けられるのでしょうか。

男性の場合、幸・不幸を決定するポイントは〝能力〟です。能力があるとないとでは、人生が大きく違ってきます。

こういうとあわてる人がいますが、ここでいう能力とは、なにも、頭がいいとか、知能指数が高いとか、そういうことではないのです。自分だけがもっている自信とでもいったらいいでしょうか。

たとえば、パチンコをやらせたら負けない自信があるとか、釣りにかけてはまかせろとか、コンピュータなら一日中触っていても飽きない……など、なんでもいいのです。

要は、自分が〝俺は能力がある〟と強く思い込むことが大事だということです。まわりは誰も認めていなくても、本人だけがそう思っている。これがビジネスでもプライベートでも成功している人のパターン、ものごとをうまくやっていく人の発想なのです。

男女差別するわけではありませんが、女性の場合は、男性とは少し違います。女性は自分が〝いい女である〟と思い込むことが重要です。

思い違いでも、勘違いでも、まわりが誰もそう思わなくても、自分自身が、〝私はいい女だ〟と思いつづけていることが幸せを呼ぶのです。

それでは、なぜ能力や容姿にこだわるといいのかというと、これらが自分に対するイメージだからです。自分に対するイメージは、ときとして人生を左右するほど重要なものです。

自分が思い描く〝自分〟というものが自信にあふれていれば、行動も言葉もそれに伴って力強いものになり、人生を切り開いていくパワーを生み出します。

「人生って、なんて素晴らしいのだろう。自分はなんにでも挑戦してみよう！」と思ってごらんなさい。二、三年後には、必ずそのようになっているはずです。

そう思うことが行動に表れて、実現可能のところまで引っ張っていってくれるからです。

そして、その原動力となるのが、男性の場合は〝能力〟、女性の場合は〝容姿〟に対するイメージなのです。

ここで大切なのは、ほかの人と比べる必要はないということ。あくまでも〝自分が〟思い込むということです。

〝能力〟と〝容姿〟、かたちこそ違いますが、人生を支配する重要なキーワードです。

4

「……のに」や「……さえ」を口ぐせにしない

私は仕事がら、たくさんの人と接する機会に恵まれています。

講演会などを開くと、一日で二五〇人もの人と会うわけですが、その人たちに共通していえることは、誰もが自分のことをなんらかの意味で不幸だと思っている部分があるということです。主婦の人たちを例に挙げると、彼女たちは、夫に対する不満をたくさんもっています。

「私は優しい言葉をかけているのに、夫はかけてくれない」

「私は家族のことをこんなに心配しているのに、夫は理解してくれない」……。

十人中八人くらいは、こういうことをもらします。では、不幸かというと、そうでもないのです。それなら別れたらいいといっても、絶対に別れない。つまりは〝少しだけ不幸〟なのです。

容姿に関しても、似たようなことがいえます。「目鼻立ちはすべていいけど、頬が貧相……」、八割くらいの人は、このように、〝少しだけ〟自分の容姿のどこかに不満をもっているのです。

劣等意識というのも、〝少しだけ不幸〟が別のかたちで表れたものです。

たとえば、東京大学などには非常に優秀な人が集まっていて、劣等感をもっている人などいないだろうと考えがちですが、私は逆に劣等意識を一番もっている人の集まりだと思うのです。

なぜなら、彼らは常に高いレベルで争って、一点、二点で負ける人がいるわけです。そうすると、自分は優秀だと思う分、わずかな差でも劣等意識が深く根ざしてしまうことになります。

もっと一般のレベルで考えると、そんなに勉強をしなくても、たまたま運がよくて希望の大学に入って、卒業する人たちもいるわけです。

親も「運も実力のうちだ」と喜べば、この人たちはとても幸せで、劣等意識は生まれません。そして、このような人のほうが、人生が何倍も楽しくなるし、成功していく確率も高いのです。

つまり、この〝少しだけ不幸〟の感覚が、それぞれの人生に影響を及ぼしているということです。

人生が充実してうまくいっている人には、〝少しだけ不幸〟の感覚はありません。代わりに、好きな自分をたくさんもっている。

反対に、人生がうまくいっていないと感じる人は、自分を好きではない人に多いということです。

さらに、劣等意識をもたない人は、ものごとに対して「なんとかなる」といつも考えているということ。楽天的にものごとを捉え、常にポジティブな思考をしていると、人生は必ず開けてくるのです。

5

「どんな服を着るか」でホルモンの流れが変わる

心理学に「心理力学」という分野があります。

これは、簡単にいうと、人間の心理に一番影響を与えるものはなにかということを考察することです。それによると、人間にとって、人と人との距離が一番重要だと考えられています。

例を挙げて考えてみましょう。

たとえば、あなたが電車に駆け込んで乗ったとします。そこにたった一人、女性が立っていたとします。まわりにあいているスペースはたくさんあるのに、あなたがその女性の横にぴったりくっついて立ったらどうでしょうか。あなたにとっても、その女性にとっても、変な感じがしますね。

また、すいている電車の中で、たった一人座っている人の横にぴったり並んで座ったら、これもおかしいですね。

あるいは、応接セットがあって、あなたが向かいの席に座らずに、その来客の横に座ってしまうというのはどうでしょうか。これもきっと変な感じがするでしょう。

これは、人間には、人と人との間に安心できる距離というのがあるからです。

この距離を変えられると、人間は誰しも不快や不安を抱くなど、影響が出てくるのです。

つまり、人間というのは、自分に一番近くにいるものから最も心理的な影響を受けやすいといえます。

では、自分に一番近いものとはなんでしょうか。

恋人、友だち、あるいは妻や夫、そんな人を想像しますか？

ところが、こういう身近な人間よりも、もっと自分に影響を与えるものがあるのです。よく考えてみてください。

自分に一番近いもの、一番体に密着しているものはなんでしょうか。

それは〝衣服〟、すなわち着ているものなのです。

ですから、着るものに気を遣わないのは、自分に対してあまり関心がないのと同じことです。身だしなみに気を配らず、おしゃれもしないけれども、自分をよくしたい、と思ってもだめなのです。

ファッションは、その人の気持ちや気分に大きな影響を及ぼします。着飾ったときは、言葉遣いや身のこなし方も変わってくるでしょう。つまり、心境が変わるのです。これが大事です。

心境以外にも、おしゃれをすることによって、ある変化がおこります。

それは、専門的にいうと、ホルモンの系が変わる、つまり、ホルモンの流れが変わるのです。ホルモンというのは、目の輝きや魅力に大きく影響しますから、おしゃれをすることによって、見た目も雰囲気も、気持ちさえも変えることができるわけです。

そしてもうひとつ、自分を美しく見てもらいたいというのは、異性を意識するということにつながります。これは、自分の容姿に対する意識を、非常にはっきり自覚するということです。

ですから、おしゃれをするということは、外面的にだけではなく、内面的にも非常に大切なことなのです。

6

鏡ひとつで誰でも「いい顔」に変われる

人間の想像力は、実にたくましいものです。

しかも、想像は他人に協力してもらう必要もありません。自分一人ででき、自分の力でその幅を広げていくことができるのです。

この想像力はまた、自分自身を向上させるのにも役立ちます。自分がなりたい自分、やってみたいことなどを想像することで、そのとおりにことを運ぶ力が人間にはあるからです。

これは、脳のしくみ、すなわち働きによるのですが、人間の脳は想像したことを現実のこととして受け止め、実現可能にしていく力を備えているのです。

しかし、この想像力というものは、なかなか扱いにくいものでもあります。

特に日本人の場合、想像力を働かせるために神経を集中して、ひとつのことを思いつづけるということができにくいのです。

なぜなら、日本人には〝祈る〟という習慣が根づいていないからです。つまり、キリスト教などのように統一的な行為が生活に密接に結びついていないのです。

たとえば、子供が生まれたら神社へお参りに行く。結婚式は教会でする。死んだらお寺に頼む……。宗教としての統一性がまったくないわけです。これでは、祈るという習慣は生まれてきません。

ところが、欧米諸国のキリスト教信者の場合、日曜日には教会で祈りを捧げる習慣があります。

そして、現在の状況を考え、未来どうありたいかを想像し、自分に神の力が与えられるのを待っているのです。

このように、祈る習慣がある宗教をもつ人たちは、想像力をコントロールすることが割と簡単にできるのです。

こんな話もあります。

ニューヨークのスラム街の少年たちの中には、勉強はしないし、どうにも手に負えない者も多くいます。

ある少年は、勉強をしたくないものだから、学校へ行っても、先生の顔を見ないで、鏡で自分の顔ばかり見ていたというのです。

すると、自分の顔を見つづけているうちに、少年の顔に変化が起きました。どうしようもない不良の顔ではなくなってきたというのです。

なぜだと思いますか。

それは、少年が鏡を見つづけることによって、自分の顔というものを好きになっていったからです。

人は一度、好きになってしまえば、好きになったものの像が頭の中に入って、それが一人歩きしていくようになります。

しかも、そこに理想の性格などをくっつけて、あれこれと想像していると、脳はイメージしたものを読み取って、その理想の姿を、今度は表情に表そうとします。

ですから、これをつづけていくうちに、少年の顔はだんだんいい顔になっていき、いい表情になっていったというわけです。

つまり、祈るにしても想像するにしても、集中してひとつのイメージをつくり上げることができると、自分のもつ自己像すら変えることができるのです。

このことについては、またあとでくわしく説明しますが、「自分はこういう人間だ」という思い込みも、イメージをつくりかえることによって変えていくことができるのです。

2章

「望む人生」を口に出した瞬間から……

――〝口ぐせ〟と〝エンドルフィン〟の不思議な関係

1

「古い脳」と「新しい脳」——二つの脳をうまく利用する法

生物は、約四〇億年前にこの地球上に誕生したといわれています。

その私たちの先祖のうちで、最初に神経をもったのは、クラゲだと考えられていま す。このときに最も基本的な神経ができ、次に魚類の時代に入っていきます。この段階では脳中枢はまだできていませんが、神経はかなり発達しています。

それからもう少し脳が発達すると、海と陸の両方で暮らせる両棲類（両生類）の時代があって脳中枢ができあがります。その後、サルの時代、そしてヒトの時代が来るわけです。

この進化のプロセスは、同時に脳の進化のプロセスでもあります。

ですから、私たちの脳は、簡単にいって古い脳と新しい脳に分かれていて、新しい脳ができてから三〇〇万年、古い脳ができてからは二五億年ということになります。

古い時代にできた脳（大脳辺縁系）は、体のリズムを順調にコントロールする機能をもっています。そういう意味では、動物などは古い脳だけで支配されているといってもよいでしょう。

古い脳は自律神経系ともいわれ、生命を快適にしていく働きがあります。

たとえば、ものを食べると、食べた量に応じて酵素や胃酸が出て、きちんと分解・吸収され、再合成が行なわれます。たとえ食べた本人がなにを食べたかを忘れていても、体のほうはきちんと処理してくれるわけです。

そして、これはすべて、意識しないところで行なわれています。胃酸や血液の量を自分の力では調節できないように、自分の意思ではどうにもならない生体コントロールを行なっているのが、自律神経系の古い脳なのです。

新しい脳は、大脳です。

大脳は、人間がものを考えたり、判断したり、記憶したりする部分をつかさどっています。いうなれば、人間の意思を表します。

人間は、大脳が発達して、ものを考える力がありますから、それによって出てくる特性があります。それはなにかというと、人間の大脳は、考えたことをそのまま表情に表すということです。たとえば、過去にあった悲しい出来事を思い出して話していると、過ぎ去った過去のことなのに、その場で涙が出てくるわけです。また、未来にあるだろう楽しい出来事を想像すると、自然に顔がほころんできます。

このように、表情に端的に表れてきますから、悲しいことやつらいことを考えて生きるより、いつでも楽しいことを考えて生きるほうが、より充実した人生を送れるということになります。

人間がほかの動物と違うのは、この大脳を発達させた点にあります。

そして、大脳はイメージを想像する場所ですから、想像力をもつ人間は、自分がどんな人間かという価値判断を、この想像力でするわけです。つまり、判断された自分が、あなたの人生そのものだということができるのです。

2

脳は「想像」と「事実」との区別がつけられない!?

前項でも述べましたが、古い脳は自律神経系といわれていて、生命を快適なものにするための生体コントロールをしています。新しい脳は大脳で、人間がものを考えたり、判断したり、記憶したりする部分をつかさどっています。

この二つはまったく違う働きをしているので、共通点や手が組める部分はありません。基本的にはつながる部分がないのです。しかし、唯一この二つを結びつけるものがあります。

それは、〝想像力〟です。

大脳がもっている想像力。新しい脳は、ものを見たり、聞いたり、考えたりすることで、その像を頭の中に描きます。

そして、新しい脳が想像した像を受け止め、表情や体に反応させるのが古い脳なのです。

古い脳は、本来、人間の意志を受けつけずに、胃酸を出したり血液を循環させたりするなどの生体コントロールを行なっていますが、新しい脳が想像したものに関しては反応できるのです。

ここで理解しておかなければならないのは、古い脳は、本当にあったこと、つまり事実と想像したものの区別がつかないということです。ですから、想像上のことでも真実として受け止め、それを具現化しようとするのです。

たとえば、梅干しを実際に見ないで、頭の中だけで想像したとします。すると、古い脳は、想像上の梅干しに反応して唾液を出すわけです。

また、人間は、大脳が発達する進化の過程において、非常に特徴的な変化を起こしています。それが、発情期の欠落です。発情期がなくなった人間は、その代わりに自慰行為ができるようになったのです。

つまり、相手が目の前にいなくても、古い脳の自律神経系は事実と想像との区別がつかないので、想像した相手を対象に自慰行為ができるわけです。これは、人間だけがもっている特徴といえるでしょう。

このように、古い脳と新しい脳は、〝想像力〟によって結ばれています。ですから、悲しいことや苦しいことを考えたり想像していると、不安や心配が苦痛となって体に表れてくるのです。

ありもしないことをくよくよ悩んだり、三年先、五年先のことを心配するのは、その不安に近づいていくことになるのです。

逆に、楽しいことやうれしいことを考えていると、古い脳は正直に反応し、体に生気を満たし、元気にしてくれます。

だとしたら、いつも楽しいことを考えているほうが体にもいいということです。

古い脳と新しい脳の関係を理解し、上手にコントロールしていくことが、ひいては人生を上手にコントロールしていくことにつながるのです。

3

「成功遺伝子」は誰の体の中にもある

このように「口ぐせ」理論のメカニズムについていろいろ説明してきましたが、まだちょっと信じられない、という人がいるかもしれません。世の中には、ほかにも、さまざまな人生論や成功論が語られ、文章になっています。

しかし、ほとんどすべての議論において、重大な点が見落とされています。それは、〝人間の体が無視されている〟という点です。

ここでは、人間の体を無視して人生や成功を論じることができないという事実を、人類の歴史からひもといていくことにしましょう。

現在のところ、人類には五〇〇万年の歴史があるといわれています。猿人からヒトが分かれ、二本足で歩行を始めたのがその起源とされています。

それ以後、天変地異や食料不足といったさまざまな苦難を経て、私たちの祖先は生き残ってきました。

なかでも厳しかったのは、四回あったといわれる大きな氷河期でしょう。最後の氷河期が終わったのは、今から一万年ぐらい前といわれています。

当時の人類にはほとんど体毛がなくなっていましたから、保温の方法や洞窟での生活については、さまざまな工夫がこらされたことでしょう。そうして苦労を重ねて氷河期を生き残っていった知恵というのは、大変なものだったはずです。

人類にとって、「生き残る」ことこそが、勝利であり成功でした。そして、このときの生き残りによって、現在の人間の原型ができあがったと私は思うのです。

もちろん、なかには死に絶えてしまった系統・分流も数多くあったはずです。もちろん、そういう人たちは、子孫を残すことはできませんでした。

しかし、知恵を出して氷河期を生き残った人たちは子孫を残しました。そうして成功した人たちの遺伝子は、子孫が生き残ることによって次々に受け継がれていき、今生きている私たちが存在しているのです。

つまり、私たちはみな、成功した人たちの遺伝子を受け継いでいるといっていいわけです。これは、まさに「すごい」という以外に表現のしようがないことではないでしょうか。

ところで、「遺伝子という言葉はよく耳にするけれども、どうもピンとこない」という人も少なくないことでしょう。

遺伝子は、アデニン、チミン、シトシン、グアニンという四つの塩基がいろいろな結びつき方をしていて、それが梯子段のようになってねじれています。

この四つの塩基の結びつき方には、三億通り以上もの組み合わせがあり、それが遺伝情報を伝えているのです。

私たちは、父親と母親から遺伝子を受け継ぎます。そして、この遺伝子の中に先祖から伝わる遺伝情報をもっているために、血のつながった人は、姿かたちや思考も似てくるわけです。

さらに考えれば、私たちの遺伝子一個の中に、五〇〇万年の歴史の中で培った情報が込められているともいえます。五〇〇万年も生き残ってきた優れた種だけが、我々の中に全部入っているのです。

といっても、受け継いだ遺伝子情報のすべてが常にオンになっているわけではありません。周囲の環境や本人の状態によって、オフになっているものもあります。

また、優れた遺伝情報だけでなく、マイナスの遺伝情報もあります。

たとえば、殺人を犯そうとする遺伝子は、ふだんはオフになっていますが、周囲の環境によってはオンになるかもしれません。そうなると、その人は殺人犯になってしまうわけです。

いずれにしても、私たちが遺伝情報としてさまざまな優れた要素をもち合わせていることだけはたしかです。あとは、周囲の環境や本人自身の考え方によって、どこをオンにするかということだけが問題なのです。

4

心と体のリズムを快適に保つ〝魔法の鍵〟

人類がサルの仲間から分かれて二本足で歩きはじめると、大脳が大きくなって急激に進化を遂げたといわれています。

このプロセスの中で見落とすことができないのは、狩猟によって動物性タンパク質を摂るようになったことです。狩猟によって、人間の脳は飛躍的に成長を遂げました。狩猟は、一見すると攻撃的な行動に捉えられがちですが、少なくとも、その時代の人類にとっては「待ち」でした。

落とし穴を掘って、動物の群れが来るのをひたすら待っていたのです。しかし、いつその群れが来るのかわかりません。わからないから、見張りをつけて待ったわけです。

来る日も来る日も、今日こそは群れが来たぞという知らせがあるのではないかと、男たちはたむろしながら期待と希望を抱いていたわけです。

こんな時代が何百万年も続きました。こうして、願うとか希望をもつといった目的意識が、狩猟行為によって脳の中にかたちづくられていったのだと考えられます。

そして、この脳の構造が、子孫である私たちにも引き継がれていきました。狩猟なくしては、今の人間が目的意識をもって行動することはなかったはずです。

現に、私たちは希望をもって待つことを快適と感じます。

なぜなら、体自身がもっている「獲物をとって快適に生きたい」という本能に合致するからです。

それというのも、人間の脳が狩猟によって発達してきたからにほかなりません。希望や目標があるときは、体のリズムまで調子がよくなるのです。

ところで、獲物はいつやって来るかわかりません。待つというのは、予測不可能なことがらを待つことでもあります。

つまり、待つことに希望をもてる人というのは、不確定要素の中で生きられる人といい換えてもよいでしょう。

ところが、現代人はそれを最も不得意としており、なんでもいいから確実なものが待っていないと生きていけない人がほとんどでしょう。これは、本来の希望や願いとは違います。

希望や願いというのは、そもそも不確定なものを待つものなのです。狩猟が行なわれていた何百万年も前から、人間は不確定な中で生きる能力をもっていたはずです。

どうも今の人間は、その能力を現代の教育によってつぶされているように思えてなりません。

5

人間は本来、楽天的にできている

狩猟にちなんで、もう一歩進んだ話をしましょう。二本足で歩くようになり、大脳が大きくなって、狩猟が発達してきたことは先ほど述べました。

狩猟が発達するということは、工夫をすることです。初めは石ころをぶつけていたのが、いつしか棒きれになり、槍《やり》になりました。

道具の進歩だけでなく、狩猟法も進歩していきます。別のグループが反対側から攻めて、こちらのグループとはさみうちにするといった工夫もするようになります。

そうすると、当然のことながら、いい道具をつくれたり、いい狩猟法を考えられたりする集団だけが、何十万年単位で生き残っていくことになります。

つまり、ものごとを工夫できる集団の遺伝子が、絶えることなく子孫に受け継がれていくのです。

たとえば、ここに、Aという種族とBという種族があったとしましょう。

Aのほうは楽天的で、将来に希望をもってものごとを考える種族。

Bのほうは楽天的な要素がなく、将来を悲観して、くよくよと考えている種族です。

この二つの種族のうちで、何十万年後かに生き残るのはどちらでしょうか。

それは、明らかに楽天的なAの種族でしょう。

両者とも生存していくために、ものを工夫したり改良したりするかもしれませんが、Aのほうはどんなことがあっても、常にものごとを楽天的で希望的に考えられるからです。

こう考えれば、現代を生きている人間には、誰にも楽天的で希望的な要素が遺伝子に組み込まれていることがわかるでしょう。

世の中には、楽天的な人間と悲観的な人間がいると思われていますが、そうではなく、誰もが本来は楽天的な要素をもっているのです。

悲観的な人というのは、周囲の環境や自分の考え方によって、楽天的な遺伝子のボタンをオフにしている人にすぎません。

いい換えれば、遺伝的に、誰にでも成功する要素が備わっているのです。あとは、ボタンをうまくオンにすることができれば、希望に満ちた素晴らしい人生を過ごすことができるはずです。

これまでの人生論や成功論は、こういった科学的な側面に欠けていました。

心のことは宗教者や哲学者が受けもち、体のことは医者や栄養学者が受けもつというように二分化されていたのです。

体のことを考えに入れない人生論には、大きな落とし穴があると考えていいでしょう。

6

ジョギングで脳が驚くほど活性化する理由《わけ》

体のことを知らずに精神論だけをやってきた人は、「目標をもちなさい」とか「積極的に生きなさい」といいます。そして、たとえば一億円をためたいならば、紙に「目標一億円」と書きなさいとすすめます。

しかし、体が「快」の状態でなければ、ただ紙に書いても、なんの役にも立ちません。希望も生まれませんし、目標を立てようという意識にはなれないのです。

人間を「快」の状態に導くのは、大脳の前頭葉の中にある前頭連合野という部分です。ここは、人間の心をつかさどっている部分であり、人間を人間らしくしているところだといっていいでしょう。

この前頭連合野が、人間の愛や苦しみ、希望や夢などをはぐくむのです。

人間というのは、その前頭連合野が「快」の状態でないと、目標も希望ももてません。ですから、快の状態でないのに、いくら「目標をもて」「積極的に生きろ」といわれても、まったく効果がないのです。人間の体というのは、本当にうまくできているものです。

では、「快」の状態にするには、どうしたらよいのでしょうか。

仏教者のように座禅をしたり、瞑想をしたりといった方法がありますが、これは誰にもできるというわけではありませんし、つらいことなので絶対に長続きしません。「快」の状態を長続きさせようとするならば、爽快感をもたらすような行動でないといけないのです。

考えてみれば当たり前ですが、これまでは、そんな当たり前のことがわからずに、苦行を強いたり、無理難題をふっかけていたわけです。

体を快の状態にもっていく方法はいくつもありますが、私の場合には三十年近く続けているジョギングがそのひとつです。

ジョギングをアメリカで一般に広めたのは、空軍の上級医師であるケネス・クーパーという人でした。

彼は、有酸素運動を提唱し、アメリカ人に多かった心臓病を抑えるために、軽いジヨギングによって肺機能を改善させることが一番だと考えたのです。

ジョギングをすると、脳内に麻酔性物質が分泌されます。これは、ベータエンドルフィンというホルモンであり、これが「快」をつくりだす張本人なのです。

また、ベータエンドルフィンには、爽快感をもたらすばかりでなく、免疫力を高めるといった効果があることがわかっています。

それにしても不思議なのは、なぜ、こんな体のしくみができたかということです。

それは、まだ私たちの祖先が野山を駆け回っていた時代に、彼らが苦痛を感じないように体が進化していったからだと考えられます。

もちろん、ぺたぺた歩いているだけでは、その恩恵にあずかれません。一般的には、一五分から二〇分ほど軽くジョギングをするか、早足で歩くとベータエンドルフィンが出てきて爽快感をもたらします。

そして、個人差はありますが、だいたい三～五時間くらいはその気分が続くのです。

朝、ジョギングをしているとわかりますが、このベータエンドルフィンというのは、脳を活性化して、やる気をつくり、思考力を高めてくれます。

ベータエンドルフィンは脳内の麻酔ですから、習慣性があり、三カ月もやったら、もう走らないではいられません。こうなればしめたものです。

苦行とも無理難題とも感じることなく、自然の摂理にしたがって「快」の状態をつくれるというわけです。

最近は、ジムで走っているという人も多くいるでしょう。天候を気にせず走れるというメリットはあるかもしれませんが、私にとっては、おもしろくもなんともありません。なにより同じ場所でベルトの上を走っても、脳の活性化には効果はありません。

なぜなら外を走って景色が変わり視界が動くからこそ、脳を活性化できるからです。

7

「口ぐせ」や「いい本」が、エンドルフィンを分泌する

「快」の状態に自分をもっていくために、もっと身近で簡単な方法は、「口ぐせ」を利用する方法です。

目的や希望を口に出すと、それは、大脳にある側坐核《そくざかく》という部分に伝わります。側坐核というのは目的達成機構であり、送られてきた目的や希望を実現すべく、今度はここから脳全体に向けて伝令が出されるわけです。

この伝令の経路はアドレナリン系で、専門用語ではA６神経系と呼ばれています。これが脳全体を全開にして、その目的を達成するように指令するのです。

ここまでくると、本人が意識するしないにかかわらず、脳も体も、全力でそれを達成するように動いていくことになります。

人間の脳というのは、このように目的を達成されるようにできているのです。ですから、「口ぐせ」というものが、いかに重要であるかがおわかりになることでしょう。

ただし、重要なのは、これが「快」の状態でなければならないことです。

「快」ではない状態でも、このシステムを利用して目的を達成することは可能です。しかし、それは大きなストレスを伴うことになり、結果的に体が蝕まれてしまいます。そうなると、長く生きることは困難です。あくまでも、快の状態で口ぐせを利用することが大切なのです。

ただ、「口ぐせ」自体に「快」の状態を招く作用もあります。気持ちのいい対話というのもそのひとつで、私がよく例に挙げるのは、こんな場合です。

たとえば、誰かが病気になったとしましょう。私はそれを心理的な側面からなんとかしてあげたいと思う。

そのときに、年齢が近いとか、長年の親友だとかいろいろな条件はありますが、まさかそんなことはないだろう、と思うこと、たとえば、この人は私を口説いているのではないかしら、好きなのではないかしら、と思わせるようなことをいうのです。

病人に対して、これ以上のお見舞いはないでしょう。自分に心を寄せてくれるということを感じれば、胸がドキドキとして、ときめきホルモンが次々に分泌されます。これが、ベータエンドルフィンです。

しかも、言葉というものは、いわれた人よりも、いった本人にご利益があるものです。自分の脳でも、相手に心を寄せる言葉に反応して、ベータエンドルフィンが分泌されることでしょう。

こうやって、日常生活の中でも「快」の状態にする工夫はいくらでもできるものです。会話ひとつとっても、相手がいいことをいえば、自分も自然にいいことをいうので、自分の言葉でエンドルフィンを引き出す効果があります。

そのほかにも、エンドルフィンの量は少ないのですが、いい本を読んだり、いい音楽を聴いたりするのも、「快」の状態にするのに役立ちます。

昔から、その人が好きなお気に入りの本を何回も読む人がいます。これは、その本のどこかで自分の心が高鳴る、つまり「快」を生むからでしょう。

いい本は、何度読んでもその感動を再現することができ、エンドルフィンを分泌させてくれます。

8

ものごとは「感謝の視点」から見てみよう

ここにドングリの実があるとしましょう。

このドングリの実は、大きな樫の木になる可能性をもっています。それはたしかなのですが、あくまでも可能性にすぎません。

コンクリートの上に落ちたり、砂漠の上に落ちたりしてしまうと、樫の木にはなれません。でも、肥沃《ひよく》な大地の上に落ち、芽が出て根を張ることができれば、それは実現します。

人間の望みというものも、これと同様です。これまで説明してきたように、遺伝的にいっても、神経のしくみからいっても、その望みが実現する可能性は十分にあります。可能性としては、このドングリの実と同じく一〇〇％あるわけです。

しかし、大地が肥沃でないと、実現できなかったり、途中で枯れてしまったりします。望みを実現するには、肥沃な大地、つまり「快」の状態が必要なのです。

先ほどは、快の状態になるためには言葉が大切であると述べました。しかし、快になるために欠かせないものが、まだあります。

それは、「感謝の気持ち」です。

感謝と口でいうのは簡単ですが、本当に心から感謝できるかどうかは別の問題です。これまで私はたくさんの人を見てきましたが、本当に幸福な人というのは、自分を取り巻く状況に対して、本当に数多くの感謝の対象を発見することができます。

一方で、同じ環境にいても、感謝する相手をまったく発見できない人もいます。感謝ができない人は、人を尊敬することもできませんし、人を信頼することもできません。そんな人には、「快」という大地ができるはずもありません。

あとで詳述しますが、若いころの私をアメリカのビジネスに目ざめさせてくれたジャックは、素晴らしいビジネスをする人で、そのころ東北で暮らしていた私には強烈な稲妻でした。ところが、彼は猜疑心《さいぎしん》が強く、人を信じることができなかったのです。

彼は、莫大な財産をもち、息子がハーバード大学の医学部に通っているのが自慢でしたが、友人やパートナーと人生を楽しんでいる様子もないまま、六十歳になると、心臓病であっけなく亡くなってしまいました。

人を信じられないというのは、こんなにも不幸なことかと、私は目の当たりにした感じがしました。

彼は、やり手ではありましたが、人の心を思いやったり、人を抱き止めることができなかったのです。要するに、これは「快」な状態ではないわけです。

そのようなことを見るにつけ、感謝の気持ちこそが、幸福や健康につながっていく論理なのだとあらためて思いました。

たとえば、私は今、熱海に住んでいますが、新幹線があるおかげで、たった四五分で東京まで行けます。もちろん、自分の車で行くこともできます。

そう思うと、これはたいへんに素晴らしい時代に生きているのだなと感じて、感謝感激するわけです。

ところが、なかには「新幹線ができたばっかりに、いつも東京に引っ張り出されてかなわない」と考える人もいるでしょう。でも、これでは幸せではないと思うのです。

結局、幸せな人というのは、さまざまなことがらを前にして、感謝の気持ちで受け止められる人ではないでしょうか。

そういう能力があれば、人からもまた感謝されるようなことができるものなのです。

3章

思いどおりの人生をつくる「脳のメカニズム」

——〝成功する脳〟はこうしてできる！

1

「自己像」が変われば、あなたも変わる！

誰でも自分のことは一番よくわかっているつもりでいます。容姿にしても、性格にしても、〝自分はこんな自分である〟というイメージをもっているものです。このイメージでつかんでいる自分のことを、「自己像」といいます。

では、この「自己像」は、どのようにしてつくられたのでしょうか。

もともと、人間の大脳は、生まれてきたときは真っ白のような状態だといっていいでしょう。つまり、なにも脳の中に配線されていない状態なのです。そこへ、生きていく過程で、さまざまなことがインプットされていくわけです。

たとえば、影響を与える環境のことを考えてみると、おじいさんもおばあさんもいる大家族で育った人と、核家族で育った人とでは、脳に配線される情報が違ってきます。

また、小学校で先生にえこひいきされたとか、友だちにいつもいじめられていたなどという状況も、情報になって正確に配線されていきます。

このように、その人を取り巻く環境や人間関係、その他もろもろの状況に影響されて、誰もがその人なりの「自己像」をつくりあげていくのです。

こうしてつくりあげられた「自己像」は、人生のいろいろな場面で影響を与えていきます。

たとえば、自分は人前に出たらあがってしまう、という自己像をもっている人は、そのとおりに、人前に出たらあがるでしょう。

自分は美人だ、という自己像をもっている人は、そのような立ち居ふるまいをしているはずです。

しかし、ここで考えたいのは、この「自己像」というものが、果たして絶対に正しいのかどうかということです。

それを説明するために、おばけの話をしてみましょう。

まず大事なのは、おばけは実際には存在しないということです。

それなのに、ある人はおばけを見たといって、泡を吹いたり、腰を抜かしたりします。

これは、頭の中におばけの像があるからなのです。つまり、おばけの存在を信じているることによるのです。

実在はしないけれども、頭の中にその像がある人、くっきり想像できる人は、その像に支配されて、恐怖心も出るし、腰も抜かすわけです。

このおばけの話と同様に、「自己像」にも根拠などありません。ただ自分がそう信じているだけで、経験してきたことから、自分はこんな自分だと思い込んでいるにすぎないのです。

ですから、〝自己像を変えることができれば、自分も人生も変える〟ことができるのです。要は、そのために、どれだけ今の自分を振り払って、違う考え方ができるかということ。

〝考え方を変えたら人生が変わる〟というのは真実なのです。

2

悩みは〝脳のコンピュータ〟にすべてまかせてみよう

人間が発明したコンピュータは、実に正確な作業をやってのけます。

私たちの生活に密着したものだけを考えてみても、銀行のオンラインシステムや電話回線、オフィスビルの集中管理、電車や飛行機など、すべてがコンピュータによって制御されています。

コンピュータはとても正確ですから、一度情報を入力すると、あとは人間が手を加えなくても、いつでも同じように機能します。銀行などで使われているキャッシュディスペンサーは、誰でも簡単に使えるように設定されており、そのつど金額が変わったり数字が変わったりすることはありません。

また、東京からロンドン行きの飛行機に乗ったのに、香港へ行ってしまうということもありません。

このように、正確なコンピュータは、現代において非常に重要な役割を果たしているのです。

ここで、人間の頭の中にあるコンピュータについて考えてみましょう。

人間の行動に指令を送るコンピュータは、古い脳、すなわち自律神経系です。自律神経系のコンピュータは、頭に入ってきたデータを処理し、問題なく行動が起こせるように導きます。頭の中ではこの機能がいつでも正確に働き、本人が意識することもありません。

身近なことで考えてみると、たとえば、仕事へ行くのに毎日会社までの道筋を考えながら家を出る人はいないでしょう。

駅まで歩いて電車に乗り、電車の出入口ではきちんと人を避け、乗換駅では間違えずに降り、また会社まで歩いていくわけです。これは、ほとんど無意識のうちに行なわれます。

つまり、初めに脳にインプットされたときから、コンピュータが自動的に働いているのです。

このように、脳のコンピュータは、目的の情報を入れると、その目的を達成しようと自然に動きます。

それは、古い脳がもっている特性、すなわち、生きていくために最適な状況をつくりながら生命体を維持していくという働きを、そのまま利用しているのと同じです。

もっとつきつめたいい方をすれば、古い脳のもっている働きそのものがコンピュータであるということです。

今現在、私たちの生活を支えているコンピュータは、この脳の理論を機械にやらせているだけのことです。脳のしくみがわかったからこそ、近代文明の象徴ともいえるコンピュータが生まれたのです。

こう考えてみると、私たちの脳というのが、いかに優れているかがわかるでしょう。そしてこれは、個人によって差があるものではなく、人間なら誰もが共通してもっている素晴らしい特性なのです。

3

五年先、十年先の自分は、今日の「口ぐせ」で決まる

人間は脳の中にコンピュータをもっています。

このコンピュータとは、2章で述べた古い脳（自律神経系）のことですが、コンピュータが正確に機能していくためには、いくつかのポイントがあります。それをわかりやすくするために、飛行機とパイロットの関係を考えてみましょう。

現在の飛行機は、そのほとんどがオートパイロット（自動操縦）で運航しています。オートパイロットというのはコンピュータで制御されているので、人間が直接手を下さなくても目的を達成するようにできています。

目的地や高度などの情報をはじめにインプットすると、あとはすべてコンピュータが働き、目的地までなにもしなくても連れていってくれるのです。

しかし、このとき、パイロットが心配性で、ひょっとしたら違うところを飛んでいるのではないかと思って確かめようとしたらどうなるでしょうか。

まず、オートパイロットをマニュアル、すなわち手動にかえるでしょう。手動にかえるということは、有視界飛行にするということです。

また、パイロットがコンピュータの機能がまったくない状態で操縦するには、周囲を目で見て確認できるところまで高度を下げなければなりません。そうなると、さまざまな問題が起きてきます。

第一の問題は、「誤解」が発生することです。

次に「思い込み」の問題があります。当然、勘違いや見当違いもあるでしょう。

こうなってしまうと、不安がつのり、自分の目で確認できるところしか飛べなくなります。つまり、飛行の幅が極端に狭められてしまうということです。

これを人生に置き換えてみましょう。

人生における計画を立てたとします。しかし、三年先のことは現実には見えていません。見えていないところへ行くには、オートパイロットという自律神経系がもっている特性を使います。すると、脳のオートパイロットは、必ずそこへ連れていってくれます。けれども、時間がたつにつれて現実が不安になりはじめると、人間も飛行機同様、手動に切りかえてしまいます。

手動に切りかえると、目で見える範囲から抜け出せない有視界飛行の状態になり、日常生活の枠を出ることができません。

心配性で自信がないから、行き先を決めていても、目で確かめなくては進めない。こういった傾向は、人間みなもっています。

しかし、そういう不安や恐怖というものに毎日毎日負けていたら、せっかく目的を入力しても、まったくむだになります。

本来、誰もが無限の可能性をもっているのに、それを生かさず、狭い範囲でしか活動できないとしたら、これほどもったいないことはありません。

しっかり目的を置いて、途中から手動に切りかえず、本当に幸せになろう、本当に豊かになろう、と思いつづけることができたら、その人はそのとおりになっていくものなのです。

それが、脳のコンピュータの不思議なところなのです。

4

最初の「目標インプット」でゴールは決まる!

ここまでに何回か述べましたが、古い脳（自律神経系）は人間を動かすコンピュータです。そして、このコンピュータは、人間が最もよい状態で生きていけるように、生体機能をコントロールしています。また、古い脳のコンピュータには、目的を定めたら、必ずそれを達成するという特徴があります。

たとえば、トイレへ行こうという目的を定めると、確実にトイレへ行って用を足して帰ってきます。トイレへ行こうと思ったのに交番へ行ってしまう人はいません。

しかも、トイレへ行くのに、トイレ、トイレ、トイレ……と言いながら向かわなければ、どこかへずれていってしまうわけでもありません。

トイレへ行こうと思った瞬間から、しゃべっていても、ちゃんと用を足して帰ってくるようになっているのです。

要するに、目的達成機構というのは、ひとたびその目的を入力したら、取り消さない限り、必ずそれを実行するようにできているということです。

この人間の脳のしくみを引っ張り出してきてコンピュータにすると、いろいろなことに活用できます。

飛行機や電車などがいい例で、コンピュータに目的地やそこへ行くまでの状況をインプットしてやれば、パリであろうがロンドンであろうが、正確に進んでいきます。これはまさに、脳のしくみを機械化したものなのです。

さて、この目的達成機構は、人間のすべてを支配しています。そして、それを上手に使えるかどうかによって、人生が決まっていきます。

失敗する人の多くが知識をもっていないことを理由にするのは、まったくの勘違いで、実は脳のコンピュータをうまく使えるかどうかにかかっているのです。

また、目的達成機構自身が脳神経組織であるので、心身ともに快適なときは、コンピュータが順調に動いているといえるわけです。

人生の中で目的をもっているときというのは、少しぐらいつらいことがあっても、体は快調に動きます。

ところが、目的がなくなると、みるみるうちに体もだめになるし、気迫もなくなっていきます。それはつまり、生体コントロールをしている自律神経系の古い脳が、コンピュータとして働いているからです。

ここで大事なのは、設定した目的が全部視覚化され、映像にならないとだめだというとことです。

一億円もうけようと思っても、一億円という単位は目標にはなりません。金額そのものが目標にならないのは、それだけでは自分がなりたい状態を思い描けないからです。

この場合であれば、一億円を手にして世界を旅している幸せな姿、またはビジネスの大成功など、自分が求める〝絵〟を具体的に描くのです。

要するに、自分の頭の中に絵として明確に想像できるものしか目標にはならないのです。これが、脳の目的達成機構のおもしろいところでもあります。

5 言葉は口に出してこそ"力"をもつ

言葉には、それぞれの意味があります。

これは正しい、これは美しいというときに、私たちは、言葉のもつ意味を理解して使っています。それと同様に、頭の中で想像することにも意味があるのです。なぜなら、脳で想像したり、空想したり、考えたりすることは、すべて言葉の意味を読み取って行なうからです。

たとえば、ここに大きな梅干しがあるとしましょう。

私たち日本人は梅干しがすっぱいということを知っています。ゆえに梅干しを想像するだけで、すっぱさがイメージされ、唾液が出てきます。

しかし、梅干しのことをまるで知らない外国人に梅干しを想像してもらっても、梅干しはすっぱいという事実を知りませんから、彼らは唾液が出てくることはありません。

また、私たち日本人は、富士山の雄大さや美しさを知っていますから、頭の中に容易に富士山の像を描けます。しかし、富士山を知らない外国人には、その姿を頭の中に描くことはできないでしょう。

要するに、脳で想像したり考えたりすることにはすべて意味があって、自律神経系のコンピュータは、その言葉の意味を読み取っているといえるわけです。

また、前にも触れましたが、これは、今現在起こっていることだけに当てはまるわけではありません。

過去に悲しい出来事に遭遇したり、つらい思いをしたりした人が、そのときのことを思い出して誰かに話をしたとします。

その悲しい体験をよりリアルに表現するために、悲しいことを意味する言葉を使って話していると、だんだん体が悲しさに反応してきます。もうとっくに過ぎ去ってしまった過去の出来事なのに、自律神経系のコンピュータは、その言葉の意味や状況を読み取り、話をしている瞬間、涙を流させるのです。

このように考えると、ただ頭で考えるより、言葉に出していくほうが、脳のコンピュータは意味を読み取りやすくなり、想像できる像も増えていくことになります。

これはすなわち、多くの言葉を知っている人やボキャブラリーの豊富な人ほど、想像力の幅は広がり、質の高い人生を送れるということになるわけです。

容姿に関して、自分を魅力的だと思い込むこと、魅力的な自分を想像することが、人生をより素晴らしいものにするというようなことを前に述べましたが、これも、想像するだけでは難しいものです。しかし、言葉にすると、想像することは容易になります。

鏡に向かって、一日に一度、「私は魅力的だ」とつぶやいてみてください。

つぶやくことによって、脳のコンピュータはその言葉の意味を理解して読み取ります。そしてそれが、現実に自分に反映されて魅力的になっていくのです。

6

運をつかみたいなら〝語彙〟を増やしなさい!

想像力と言葉の関係の話を続けます。

脳のコンピュータは、想像したものや目的を具現化する機能をもっています。その機能は実に正確で、自分が意識しなくても、目的達成のために働きます。このようなコンピュータの特性の根源ともいうべきものが、「想像力」です。

想像力があるからこそ目的をもつことができ、想像することによって可能性の幅も広がっていきます。

その想像力ですが、頭の中で想像することには意味があります。想像するためには、その現象なり目的を、具体的に頭の中に描かなければならないわけですから、想像するものの意味を知っていることが前提となります。知識として知っていることでなければ、私たちは想像することができないからです。

つまり、脳で想像することにはすべて意味があって、自律神経系のコンピュータは、その意味を読み取り、表現していくのです。

意味を読み取るために重要なのが、「言葉」です。

人間は、知らないことや、知らない言葉のことは考えられませんから、言葉というのはとても重要です。

新約聖書にも、〝はじめに言葉ありき〟とあります。人間は、言葉がなかったら、それこそ考えられないし、認識できない。認識しなければ、地球も存在していないのです。つまり、言葉がないものは考えられないし、考えられないものは実現しないということです。

ここで、二つの重要なことがあります。

一つは多くの言葉、つまり多くの語彙を知っている人のほうが、語彙が少ない人よりも想像力の幅が広がって、質的に高い人生を表現できるということです。いい換えれば、成功者は失敗者よりも語彙が多いのです。より幸せな人は、より語彙が多いということなのです。

二つ目は、人間が言葉で考えているからこそ、脳のコンピュータは言葉を読み取っているということです。

どうして人工頭脳としてのコンピュータができたかというと、人間が言葉というものを使って考えたり、想像したりすることがわかったからです。

前にも触れましたが、この人間の脳のしくみをそのまま機械に置き換えたのが、現在、私たちの生活になくてはならないコンピュータなのです。

このように考えてくると、言葉がいかに大切で、重要な意味をもってくるかがわかるでしょう。

結局、人間は、考えているようにしゃべり、しゃべっているように考えていることになります。ですから、日ごろ、ある人が口にしている言葉を知れば、その人の考えていることもわかってしまうのです。

それほど言葉というのは重要な働きをしているのです。

7

思い出すのは「いいことだけ」にする

大脳が発達していない動物というのは、自律神経系、すなわち古い脳の部分だけで生きています。

これは、生体コントロールができる脳だけで生きているということですから、生活はいたって快適で、神経衰弱になる犬もいないし、自律神経失調症になったタヌキが出てくるなどということもありません。人間以外の動物は、人間ほどストレスなどに悩まされることはないのです。

ところが、人間だけは、小さなことにくよくよしたり悩んだり、心配したり、過ぎ去ったことをくよくよ思い出したりします。これは、大脳をもち、考える力をもった人間だからこそ起こる現象なのです。

大脳をもった人間の不思議なところは、その心配や不安が体に直接影響を与えるということです。そしてそれは、今現在起こっていることだけに限りません。

三年先や五年先のことでも、心配した時点で、食欲がなくなったり、心配した時点で胃潰瘍《いかいよう》になったりするわけです。

過去のことでも、それを意識の中に呼び起こしてくると、今、それを体験したかのように、現在というかたちで私たちの体に反応が起きてきます。

これは、人間の自律神経系が、大脳でイメージしたものに関しては反応できるということと、本当にあったことと想像上のこととの区別がつかないという特徴をもつからです。

大脳で想像したことを、自律神経系は、すべて本当のことと受け止め、体に影響を与えます。ですから、大脳と自律神経系の両方をもつ人間は、ストレスという病気をもつはめになったのです。

ではここで、本当にあること、実在することを〝事実〟と定義しましょう。そして、自律神経系が真に受けて反応してしまうことを〝真実〟とします。

そうすると、自律神経系というのは、事実にも真実にも同じように反応するということがわかります。自律神経系にとっては、事実も真実も同じことなのです。

では、その自律神経系の特徴をいいほうに活用したらどうでしょうか。

過去のこともいいことしか思い出さない、未来のことも楽しいことしか想像しない。このような考え方で生きていると、その人生は喜びに満ちたものに変わっていくに違いありません。

8

一日一回一五分！「イメージ成功法」の驚きの効果

人間は、過去に起きたことをよく思い出します。しかも、いいことよりも、悪いことのほうがよく思い出されるようです。

そうやって、いつも悪い経験ばかり思い出していると、人生はいい方向には向いていきません。悪い経験よりもいい経験を思い出しているほうが、はるかにいい人生が送れるのです。

それはなぜかというと、人間の脳は、考えたり想像したりしたことを、そのまま配線していくという特徴があるからです。ですから、過去に経験した〝いいこと〟を繰り返し意識的に回想していると、そのいい経験の映像が脳に配線されていきます。

一日に一回、一五分くらいでいいですから、それをつづけてみましょう。

半年もすると、まるで一五〇回それを実際に経験したように脳に映像が配線されていきます。すると、人間の体はそのとおりに表現しようとしますから、いい経験がまた味わえるというわけです。

これを上手にやっていこうというのが、イメージ成功法です。いくら想像力がたくましいとはいっても、人間は未来のことを想像するには限界があります。未来のことはリアリティがないからです。

しかし、過去のことは現実にあったことですから、リアリティをもって想像することができるのです。

では、どのようにイメージ成功法を行なうのでしょうか。

まず、自分の頭の中に小さな部屋を思い浮かべてください。そして、その部屋に自分の好きな家具や絵を配置します。自分の好きな部屋を空想の中でつくりあげていくわけです。

そのとき、実感を伴って詳細に想像するためには、部屋に配置する家具や絵を、これまでに実際に見ていなければなりません。

人間は知らないものはイメージできないのですから、日ごろから行動を通して、見て、触れて、自分の好きなものを知っておく必要があります。

そして、その部屋の中で自分を動かすのです。過去にあったすてきな経験を、頭の中にいる自分に、もう一度体験させるのです。

内容はどんなことでもかまいません。恋のことでも、仕事のことでも、とにかくいい思い出を回想するのです。それを一日に一度、短い時間でも繰り返すと、確実に脳に配線されていきます。そうすることによって、この先の人生が大きく変わっていきます。これがイメージ成功法なのです。

このようにしてイメージの世界が広がっていくと、どうなるか。

まず、自分の中で求めている人とのめぐり合いや、求めている機会との遭遇といった可能性が広がっていくでしょう。イメージの中の可能性が広がれば、現実の世界の可能性も広がっていきます。

つまり、それが脳に配線されていくということで、ひいては現実の人生をも豊かにしていくということなのです。

9

脳の〝網目状神経《あみめじょうしんけい》〟にインプットされた願望は実現する

脳には、背側（間脳上部）にある内分泌器官である松果体《しょうかたい》のあたりに、まり状の神経線維があります。かつてはそれを網様体《もうようたい》といっていました。

その後、研究が進み、現在ではもっと細かい線維が大脳全体をびっしり取り巻いていることがわかり、これを網目状神経《あみめじょうしんけい》（線維）といっています。

この網目状神経が発見されると、さらにいくつかのことがわかってきました。

そのひとつが、この神経線維の機能が自律神経系の脳のコンピュータと深いかかわりがあるということです。

もともと自律神経系のコンピュータは目的を達成するという機能があり、脳に必要な情報がインプットされると、それを実際に行動に移そうとします。

この機能に、網目状神経はどのようにかかわってくるのでしょうか。

たとえば、電車に乗って本を読もうとします。このとき、脳のコンピュータには、本を読むという情報がインプットされたことになります。すると、本を読むこと以外の情報、つまり、電車の騒音や隣の人の話し声は頭の中に入っていきません。これは、本当に必要な情報以外は脳は拾っていかないからです。

また、目の前にいる人と長時間話し込んでいたとしても、話の内容に気をとられて相手の顔だけを見つめていれば、そのとき、相手が何を着ていたか、どんな髪型だったかなどということは覚えていないものです。目の前にいるから、それに気づくとは限らないのです。

これはどういうことかというと、人間の脳は、自分に必要な情報とそうでないものとを無意識のうちにより分けているということです。

選んでいないものは切り捨てられ、切り捨てられたものは脳のコンピュータに入っていきません。

ですから、先の話のように、電車の中で本を読もうとすると、ほかの音はいっさい耳に入らなくなってくるわけです。

つまり、人間の脳は、自分の意識外のものを切り捨て、必要なものしか拾っていかないという特徴をもっているということです。そして、この働きをしているのが、網目状神経なのです。

目的達成機構である自律神経系のコンピュータは、網目状神経でより分けられた情報だけを、的確に、体を使って表そうとします。網目状神経が拾ったものだけを具現化するのです。

この関係を見ると、私たち人間が強い欲求をもって考えることによって、その考えが現実に表れてくるということがよくわかるでしょう。

強く望まないものは切り捨てられ、実現していくことはありません。つまり、網目状神経は、人間の心の部分をつかさどっているといえるのです。

10

「老化」も自分で自在にコントロールできる!

人間は大脳をもってから、脳で起きていることを体に表現するという特徴をもつようになりました。これを専門的に見ると、脳の中でホルモンなどが分泌される化学反応が起きているともいえるわけです。

このように、人間が生きているということ自体が化学反応であり、体は一秒間に三億から四億もの化学反応を起こしているのです。

私たちが食事を摂ったら、その食物を自動的に消化して、快適な状態をつくりあげていくというのも、自律神経系による化学反応です。ただし、これがスムーズに進むのは、心が平常の状態にあるときです。

もし、食事をしたあとで、「さっき食べた刺身はちょっと傷んでいたかも」と思うと、そのとたんに体はどうなるでしょうか。

そのような心配ごとが頭をよぎると、即座にアドレナリンが分泌されて血管を収縮させます。すると、顔色は悪くなり、胃の血流も悪くなり、体調が崩れていってしまいます。このように、人間の体は、意識が引き金になって化学反応を支配しているわけです。

逆に、このことがプラスに働くこともあります。その代表的なものが、脳内ホルモンの働きによって引き起こされる「偽薬」（プラシーボ）効果というものです。

その昔、この効果を提唱していたのは主に宗教家で、信じるものは救われる、信じると奇跡が起こる、その根拠は神のみぞ知る、という伝わり方をしていました。科学的な根拠も何もない時代のことです。

ところが、時代の流れとともにその手の研究も盛んになり、今や、この偽薬効果は確固たるものとして存在するようになったのです。

きっかけとなったのは、偽薬を与えたにもかかわらず、本当に痛みが止まるという現象が起きてからです。これは一九七三年ごろからわかってきたことで、当初は、その薬は本当によく効くのだと信じ込むことで、精神的な効果が体に作用すると考えられていました。

ところがきちんと調べてみると、痛みが止まると信じた人の脳の中には、エンケファーリン、ベータエンドルフィン、ジュノロフィンなどモルヒネの一五〇〜二〇〇倍の麻酔効果がある物質が、実際につくられていることがわかったのです。つまり、人間が信じていることを表現できるように、脳の中では、それに合った物質が実際につくられているというわけなのです。

では、この効果を応用して考えると、自分のことを〝若い〟と思っている人はどうなるでしょうか。

これも、痛み止めのときと同様に、本当に信じている人の血液の中には、若さを表現するセロトニンなどの物質が多く出ていることがわかっています。

つまり、自分を若いと信じている人は、単なる思い込みだけでなく、実際に若さを保つ物質が発生し、体の中から若さを表現しているということなのです。

同じ七十歳の人でも若々しい人もいれば、老けこんで病を抱えていたり、早々と亡くなっている人もいます。

つまり、「人間は年を取る」「老化は避けられない」という意識が、その人の反応系を支配していたからにほかなりません。すると、まさしく本人が考えているように、立派に老化が進んでいってしまうのです。

そういう実例を見ていけば、六十歳だからなにをやれ、八十歳だから何かをやめろという先入観が、いかにばかばかしいことかがわかるでしょう。

そんな体のしくみをちょっとでも知っているのといないのとでは、大きな開きができてしまいます。八十歳でも青年のように生きることができる人もいれば、一方では六十歳でも老け込んでしまう人もいるのです。

年齢のことだけではありません。自分の興味があることや関心があることなどを強く思って心の底から信じれば、それが実際に体の中で化学反応を起こし、現実のものへと近づいていきます。これは、科学的にも証明されていることなのです。

要は、この偽薬効果を、どれだけ人生において使えるかということ。つまり、その使い方次第で、人生をとてもすてきなものに変えることができるということなのです。

4章

驚きの効果！ 短期間で人生はここまで変わる

——ツイてる人に学ぶ〝口ぐせ〟の法則

1

いい言葉は「いわれた人」より「使った人」に効果がある！

脳のコンピュータは、言葉の意味を読み取る機械です。考えていることも、しゃべっていることも、全部、言葉の意味を読み取り、体を使って表現しようとします。

ここで覚えておかなければならないのは、このコンピュータには人称がなく、言葉の意味を全部、自分のこととして読み取ってしまうということです。

人称がないということは、意思も主語もないということです。つまり、内容にかかわらず、言葉を使った人にすべてが反映されるようにできているのです。

ですから、どこかで見てきた、とてもつらい話をしていると、自分がつらい体験をしたわけでもないのに、脳のコンピュータは、それを読み取って、話している人を悲しくさせます。

他人の話でも、話をしている当事者の出来事として読み取ってしまうからです。

また、けんかをすると腹が立つのは、相手の言葉によってではなく、自分が発した言葉に腹を立てているということになります。これがわかっていれば、争いごともそれほどおおごとにならずにすむに違いありません。

さて、このような脳のコンピュータの特徴を、もう少し具体的に考えてみましょう。

たとえば、女性が二人で話をしていたとします。

そこでAさんがBさんに、「Bさん、いつもきれいねえ」といったとしたら、この言葉に誰が反応するのでしょうか。

「きれいねえ」といわれたBさんに反応するように思われますが、実は違います。Bさんのことをほめているにもかかわらず、その言葉にAさんが反応するのです。

つまり、言葉を発したAさんの脳が「きれい」という言葉を読み取り、体に表現するのです。ということは、ほめられたBさんよりも、ほめたAさんのほうが、美しく、きれいになるということです。

このように考えると、言葉は使った人にご利益があるということがわかります。これは、どのような場合にも、どのような内容にも当てはまります。ですから、美しくなりたいと思うのなら、まわりにいる人をほめまくればよいのです。

逆に、人を傷つけるような言葉や、呪うような言葉を使えば、それもすべて自分にはね返ってきます。

日ごろからいい意味をもつ言葉を使うように心がけましょう。自分がいい気持ちになれる言葉こそ、自分を高めてくれるのです。

こういうふうに、どんなことであっても、言葉にして出したことは、すべてそれを発した人間に返ってくるのです。そう考えると、言葉というのは実に怖いものだということがわかります。

ここでもうひとつ大事な点は、ほめられたBさんにも、実は少しだけご利益があるということです。

それはどういうときかというと、ほめられたBさんが、その言葉を本気にしたときです。ここが大事です。本気にして信じると、Bさんにも三割ぐらいのご利益があるのです。

言葉のもつ重要性が、これで少しはおわかりいただけたでしょうか。

2

〝ほめ上手〟の人が仕事で成功する科学的な理由

前項で述べたように、言葉と脳の関係というのはとても不思議で、誰に対して発した言葉でも、その意味はすべて言葉を使った本人に返ってくるという特徴があります。

誰かをほめれば、ほめた言葉はそのまま自分のこととして反応するし、悪口をいえば、その悪い言葉も自分に返ってきます。

返ってくるというのは、表情や行動などに表れてくるということです。これは実にたしかなことで、自分がいい気持ちになれる言葉を使っていると、その人はだんだんいい表情になっていくのです。

では、仕事で成功していくためには、この特性をどのように活用したらよいのでしょうか。

脳の理論で解いていくと、とても簡単なことです。

仕事において成功する人というのは、有能であるとともに、ほめること、おだてることがうまい人です。なぜなら、仕事で上に立つ人は、部下にいい言葉をかけます。いい言葉をたくさんかけてその気にさせ、努力に対してほめる言葉をかける。ほめられて悪い気がする人はいません。やる気を起こさせるには、ほめることが非常に有効なのです。

また、いい言葉やほめる言葉をかけると、その言葉はすべて自分に返ってきます。これが脳のコンピュータの特徴ですから、部下をほめながら、自分自身に対してもいい影響を与えているというわけです。

それが繰り返されるうちに、仕事は必ずよい方向に向いていきます。言葉のご利益を存分に生かした結果が、仕事の成功につながるというわけなのです。

しかし、いくらいい言葉をかけても、相手がわかってくれない、という人がいます。この人の感覚は少しずれているように思います。

どこがずれているかというと、脳のコンピュータの機能が言葉の意味を読み取り、それを具現化していくのに、相手は関係ないからです。

言葉のご利益は、すべて自分自身にあるのですから、相手が誰であろうと、なにをいおうと、相手の存在は大した問題ではないのです。

要は、自分がどれだけ自分のためにいいと思われる言葉を使っているかということ。それが、仕事で成功していく〝鍵〟といえるでしょう。

結果として、いい仕事をしている人、成功している人は、男性も女性も艶っぽい人が多いのに気づきます。しかも、精神的に若々しい人ばかりです。

これは、意識の問題とも関係があるのですが、このような人たちは、考え方が前向きで、いつでも新しいことにチャレンジしようとしています。

それは、仕事だけに限らず、人生全般にいえることでもあり、常にポジティブな思考と言葉を使うことにより、自分の可能性を広げていっているのです。そして可能性を信じることが、ここでも大きな意味をもっているのです。

3

ついつい使っていませんか？　こんな「口ぐせ」

心身ともにいつまでも元気な〝生涯現役〟であるためには、どのような生活を送っていけばよいのでしょうか。もちろん、適度な運動をする、ビタミンを摂るなどの外的要因も大切ですが、ここでは、内面が与える影響の重要さをお話しします。

まずあなたはこれまで、自分の考えたとおりの人生を送ってこられましたか？

自分で考え、計画し、そのとおりの人生を送ってきたという人は、いったいどのくらいいるのでしょうか。大半の人は、「そんなに思いどおりにはいかない」というでしょう。

しかし、それもすべて、自分の話してきた〝言葉〟が影響しているとしたらどうでしょうか。

何度もいってきましたが、脳のコンピュータは、口に出した言葉の意味を読み取り、それを体に表現するという特性をもっています。

ということは、今の人生は、過去に考えたものによってかたちづくられているばかりではなく、習慣として使っている口ぐせによってもかたちづくられているといえるわけです。

つまり、たいていの人は、口ぐせどおりの人生を送ってきたということなのです。

自分の口ぐせを考えてみてください。

「もう年だから……」
「この年でなにができるっていうの」
「年がいもなく恥ずかしい……」

このような否定的な言葉を、いつも口にしていませんか。

脳のコンピュータは言葉を正確に読み取りますから、このような言葉を発すれば、そのとおりの人生になっていくのです。逆に、いつも肯定的な言葉を使い、ポジティブな考え方をしていれば、これもまたそのとおりに人生は動いていくものなのです。

そこで、押さえておきたいポイントがあります。

これからの人生が、充実した実りあるものになるのか、そうでなくなるのか、その分かれ目は、すべて自分の言葉にあるということです。

そのために大切なのは、自分が挑戦してみたい分野の言葉を、意識的に、習慣として使っていくことです。そうすれば、少しずつその道が開けてきます。

容姿についても同様です。習慣的に「自分はきれいだ」とつぶやいていれば、そのとおりになっていくのです。脳のコンピュータは、そのように働くのです。

このように、人間の口ぐせの偉大なところは、あなたがしゃべった言葉が考えているよりもダイレクトに脳を動かすということです。

いくら真剣に考えていても、口に出さずにいては、大きく心が動くことはありません。言葉というのは、それほど強い力をもっているということです。

さらに驚くのは、口に出していうことによって、それまで見えていなかったものが見えるようになるという点です。

たとえば、「人生ってなんて素晴らしいのだろう」と言葉に出したときから、今まで見えなかった素晴らしいことが見え出すのです。

こういうことを知ったときに、はじめて口ぐせの偉大さに気づくのです。

どんなことも頭の中で理屈をこねているうちは、なにも見えてきません。

ところが、「なんとかなる」といった言葉を口に出したときには、なんとかなることがちゃんと見えてくるのです。これを知ることが口ぐせの神髄だと、私は思います。

4

〝言葉の天才〟日本人にぴったりの成功法則

ではここで、言葉というものについてもう少し考えてみましょう。

私たちが使っている日本語は、数も意味も、実に豊富です。方言も含めると、〝あなた〟という表現だけで二〇〇くらいはあるそうで、ひとつの言葉でそれだけの語彙数をもっている言語は、日本語をおいてほかにないといわれています。その言葉を、私たちは日常的に使い、時や場所、相手によって瞬時に使い分けているのです。

たとえば、先生や上司、年配の方に向かって〝おまえ〟とはいいませんし、仲間同士で話すときは、もっと柔らかいいい方をするでしょう。

あらたまった席や人が大勢集まるような場所では、また違った話し方をします。そして、相手と状況によって細かく敬語を使い分けます。このようなことから、日本人は、言葉の管理に関しては天才的であるといえるのです。

言語の天才ということは、意識的に言葉を選んで、それを習慣化することによって、新しい意識形成ができるということです。それは、欧米人には真似できませんし、そういう習慣もありません。

語彙の数も、日本語はほかの言語に比べて多くなっています。小説を書く場合でも、ボキャブラリーが英語は二万語でいいとされているのに対し、日本語は六万語ないとだめだといわれているそうです。

ここからも、日本人は言葉遣いの天才であることがおわかりになるでしょう。

こういう微妙な言葉を使い分ける才能を、日本人は十二歳ぐらいまでに身につけます。

私の口ぐせ理論の基本は、この日本人の才能を利用して、言葉を意識的に選んで使い、それを習慣化させていくことにあります。そして、新しい意識をつくりあげ、その意識がその人を動かしていくというものです。

ですから、私の口ぐせ理論は、日本人のための人生論、成功論であって、その点では欧米の理論と決定的に違うわけです。

一方、欧米人は日本人と違い、イメージする力が優れているといっていいでしょう。これは前述したように、宗教にも関係するのですが、彼らは神に祈りを捧げる習慣があります。

教会に行って一日中祈っている姿を見かけることもあります。神経を集中して、一つのことを思いつづけることができるのも、この祈るという習慣があるからなのです。

ですから、欧米人の場合は、言葉で人生をつくっていくというよりも、頭の中で想像したイメージをもとに人生をつくるといったほうがよいでしょう。

しかし、何度もくり返しますが、日本人の場合は〝言葉〟です。日本人は、イメージで想像するよりも、言葉を頭の中に反映させる術を先に身につけたのです。

しかも、数多い言葉を、無意識のうちに使い分けています。

個人によって差が出てくるのはしかたがないとしても、日本人の言語管理能力は相当高いといえるでしょう。

では、この能力を、日常生活の中でどのようにコントロールしていけばよいのでしょうか。

それは、少し時間をかけてでも、自分の言語習慣を変えていくことです。

否定的な言葉を使わず、なんでも肯定的な言葉に置き換えて使ってみる。

相手をほめるような、いい意味をもつ言葉を使っていく。

人と多く会うような場所に行くときは、より多くの人に、いい言葉をかけるようにする……。

このようなことを習慣として行なえるようになれば、あなたの言語能力はさらにアップし、脳のコンピュータを有効に使いこなせるようになるのです。

5

「否定的な言葉」は、いい換えて使え！

ここまで述べてきたように、成功して人生をよりよく幸せに生きるためには、言葉の使い方が大きな問題となってきます。口ぐせはもちろん、そのときの状況に合わせた言葉選びが大切なのです。

基本となるのは、できるだけポジティブな言葉を使うことです。ネガティブなことをいいそうな場面になったら、それをどうポジティブな表現にしていくかを考えましょう。

具体的な例を挙げてみましょう。

お金は誰でも欲しいものです。しかし、日本人は、あからさまにお金の話をするのは品がないと思っているところがあります。

また、お金持ちも、それを得意げに話す人は少ない傾向があります。

日本人のこのような倫理観から、「私はお金とは縁がない」「お金と相性が悪い」「貧乏暇なしで……」などという言葉を習慣として使っている人が多いように思います。

しかし、このように、お金に対していつも否定的な言葉を使っていると、本当に縁がなくなってしまいます。

なぜなら、脳のコンピュータが「お金がないのか」と読み取って、それを現実のものとしてしまうからです。

では、どのように考え、どのような言葉を使えばよいのでしょうか。

まず、お金のあるなしにかかわらず、「私はお金を持っている」と思うことです。想像することも脳のコンピュータによく働きかけることになりますから、お金があると想像することが第一歩です。

次に、誰かに「これ、買わない？」といわれたときにどう対応するか。

「お金がないからだめ」と答えてしまったら、本当にお金がないことになってしまいます。

このようなときは、「今は持ち合わせがない」と答えるのです。こういうと、いかにも家にたくさんあるように思えるし、けっして否定していることにはなりません。

このように、同じことをいうにしても、表現のしかたを変えることにより、ネガティブなことをポジティブに変えていくのです。

また、別の観点から考えてみると、欲しいものに出合ったり、好きな人に出会ったりしたときは、未来に手に入る、もしくは未来に親しくなる暗示であるということです。ですから、そのときはお金がなくて買えなくても（親しくなれなくても）、けっして否定するような断り方や別れ方をしてはいけないのです。

大事なのは、どのように断るか（別れるか）ではなく、脳のコンピュータにどんな言葉を入力するかということなのです。

そして、肯定的な言葉をコンピュータに入力したら、それをまわりにいる人にいって歩くのです。

二カ月もつづけていれば、現実化する可能性が出てきます。要は、無意識に出てくるチャンスをつかむことにあるのです。

さらにいえば、人間は百歳まで元気で生きられる、そういう時代に我々はいるんだ、ということを、日常会話で日ごろから明るく語ってみるとどうなるでしょうか。

すると、だんだんそれが当たり前のこととして意識に入ってきて、新しい意識を形成します。そうすると、今度は網目状神経が働いて、それを実現するために動くのです。

そんなことは今まで考えたこともなかったけれど、ちょっと本を読んでみようか、食べ物を変えてみようか、というように、知らぬまに意識が変わっていくことがわかるでしょう。言語習慣を変えれば、見えてくるものが変わってくるのです。

なぜ意識を変えるために、わざわざ言葉を必要とするのかといえば、先ほども述べたように、日本人は欧米人に比べてイメージが不得意だからです。

それならば、あえて苦手なイメージを通じて意識を変えるのではなく、日本人が得意とする言語能力を使って意識を変えたほうがいいのではないか。

それが、口ぐせ理論の基本的な発想なのです。

6

「飲み屋での会話」が、あなたの人生を決めている!?

私は講演をすることが多いので、話すことは慣れています。しかし、講演のときのように大人数を目の前にしたときの話し方と、個人を前にしたときの話し方は、当然のことながら違ってきます。

また、親しい人とうちとけて話すときと、はじめて会う人や仕事上でおつき合いのある人と話すときも、しゃべり方を変えています。

これは、日本人なら誰でもやっていることで、無意識のうちに話し言葉を使い分けているのです。

この特性は、日本人だけがもつ素晴らしいものです。そして、日本語そのものも、ひとつの言葉にたくさんの意味をもち、使い分けが自由にできるようになっているのです。

しかし、ここで気をつけなければならないのは、人は、ともすればこの言葉を悪い方向へ使ってしまうということです。

私の理論でいえば、口ぐせにしている言葉が人生をつくり、口ぐせどおりの人生を送っていることになります。

そして、口に出した言葉の意味を脳のコンピュータが読み取り、全部、自分のこととして具現化しようとするのです。

ですから人の悪口や批判を繰り返せば、それがすべて自分のこととしてはね返ってくることになります。

たとえば、飲み屋などで周りの人が話していることに耳を傾けてみると、できる人とだめな人の違いが、使っている言葉によってすぐにわかってしまいます。

だめな人のグループは、上司の悪口をいったり、仲間のこき下ろしをしていることが多いのです。

こういう人たちは、自分の使っている言葉どおり、どんどんだめな人になっていきます。仕事や上司に恵まれないと愚痴ばかりいう人は、どこまでいっても出世はしないし、いい方向へ行くわけがないのです。

反対に、できる人というのは、他人のすごいところに素直に驚き、いいところを発見することを知っています。そういうことを話題にして、自分もそうなりたいものだと憧れるのです。

先輩や上司に憧れをもって、それを励みにし、自分の向上心に磨きをかけます。それが、彼らをさらにいい方向へもっていくことになるわけです。

このように、話している内容によって、その人が木登りをしている人なのか、穴掘りをしている人なのかがすぐにわかります。

つまり、向上心をもって上に進んでいく人なのか、ネガティブ志向で後ろ向きな考え方しかできない人なのかがわかってしまうということです。

ですから、口に出す言葉には、特に気をつけなければなりません。失敗や悪口を口に出してはいけないのです。

これは、よい人生を歩んでいくために非常に大事なことなのです。

7

「継続→変化→自信→確信」の黄金律《ゴールデンルール》

私たちの姿は、習慣の産物です。行動も、顔の表情も口ぐせも、つきつめれば、みな習慣としてやっていることばかりです。

そして、この習慣というのは、無意識のうちに行なわれるものです。

どちらの足から靴をはくのか、歩き出すときに、どちらの足から踏み出しているのか、そんなことは考えたこともないでしょうし、無意識のうちにやっているものです。

ですから、習慣になっているものは、苦労することもなく、楽にできるのです。

プロのピアニストやダンサーなどは、この習慣としての無意識をうまく使っている人たちです。

ピアニストは、たとえ楽譜がなくても、目をつぶっていても弾けるようになっていますし、ダンサーも、ステップをすべて覚え、自然に体が動くようになっています。考えながらやったり、意識的にやったりしようと思ったら、かえってうまくいかないでしょう。

それは、無意識がひとつの習慣のパターンとなって、脳にプログラムされているからです。ですから、そういう場面になると、自動的に動くことができるのです。

しかし、彼らにしてみても、はじめから無意識になんでもできるわけではありません。ピアニストなら新しい曲を覚えるために、一小節一小節ていねいに弾いていって、それを積み重ね、一カ月、二カ月と練習することにより、自然に指が動くようになるのです。

ダンサーにしても、はじめはひとつずつステップを覚え、自然に体が動くようになるまで練習を重ねています。

つまり、習慣として身につくまでには、少し時間が必要だということです。

そこで少し整理してみると、人間は、話を聞いただけでは、ただ単にわかったという段階であり、身にはついていません。

体の中に、習慣として、あるいはプログラムとして張りめぐらせていくには、一カ月や二カ月、継続してやってみる必要があります。これが継続の段階です。

そうしているうちに、必ず自分の中で大きな変化が起きてきます。やればできるのではないかということが感じられるようになるのです。これが変化の段階です。

その大きな変化を自分でつかんだときに生まれてくるのが〝自信〟であり、自信に裏づけされた結果が見えてくると、それが〝確信〟となるのです。

このような段階を経て、はじめて無意識がひとつの習慣パターンになるわけです。

これは、生活や仕事、どんなことにも共通していえることです。

そしてパターン化された習慣がいくつも積み重なって、その人の姿をつくっていくのです。

継続から変化、自信、確信へと移っていくこの論法で新しい習慣をつくり、新しい自分の姿をつくっていくことが、すなわち、自分の可能性を広げていくことにもつながるのです。

8

「十年後の自分」のイメージは?

ここに、A子さんとB子さんがいたとします。二人は大学の同級生で、とても仲がいいのですが、性格はまるで対照的。

A子さんはもともと楽天家で、B子さんは美人なのだけれども、シリアスで神経質。

この二人が三十歳になったとき、それぞれ次のように考えます。

A子さんいわく、

「私って、美人ではないけれども、なかなか魅力的なのではないかしら」

B子さんいわく、

「私の美しさはもう峠を越したわ。これからはしわも増えていくし、どんどん年を取っていくだけだわ」

そうやって十年が過ぎ、ともに四十歳を迎えます。

このとき、二人はどのように変わっていたのでしょうか。

A子さんのほうは、二十代にはなかった美点が育ち、とても魅力的な人になっています。

B子さんのほうはというと、予言したようにしわくちゃになっているのです。同じ年のはずなのに、しかもB子さんのほうが美人だったはずなのに、四十歳になったときに輝いて見えるのはA子さんだったのです。

ここで重要なのは、やはり「考え方」です。

楽天的にものごとを捉えていたA子さんは、年齢を重ねることによって美しさを増していています。シリアスなB子さんは、いつも悲観的な考え方をしていたため、美しさがどんどん失われていったのです。

こういうことは本当に起こるのです。特に、ある程度の年齢に達してからは、楽観的にものごとを考えられる人と、そうでない人とでは、明らかに違いが出てきます。

なぜそうなるのかというと、脳のコンピュータは、頭で考えたことを正確に読み取り、表情に表すという特性をもつからです。

楽天的な考え方をしていると、脳のコンピュータはそのように読み取り、実現させていこうとしますから、自分が望むような人生を送っていけることになります。

偉大なる楽天家は、偉大なる成功者になるということです。つまり、成功者になる鍵は、楽天家になることにあるのです。

たとえば、誰かが自分の悪口を言っていたのを聞いたとしても、これはなにかの間違いだ、自分の勘違いだと思える人は、必ず幸せになれます。

そこまでいかなくても、悪いことや悲観的なことは、できるだけポジティブな考え方や表現に置き換え、常に前向きな姿勢をとるようにすることが重要です。そうすることによって、おのずと道が開けてくるのです。

自分が考えたとおりに人生が運んでいけば、自分も楽しいし、充実した人生であると納得することができるでしょう。そして、それが成功につながっていくのだとしたら、こんなにいいことはありません。どんなときも〝楽天家になる〟ことが大事なのです。

9

失敗は〝成功へのジャンプ台〟と考えよ！

自己啓発に関する日本の方法と、欧米（キリスト教をベースとした社会）の方法には、大きな違いがあります。

どこが違うかというと、〝失敗〟に対する考え方です。

日本の教育の原点、子育ての原点は、すべて失敗しない、間違いを起こさないことにあります。無意識のうちにそういうレールが敷かれていて、その上に乗って走るので、結局は失敗しないように生きるということになるわけです。そしてそれが、イメージ空間を非常に小さくしているのです。

そして、こういう決められた枠を破った考え方のできる人を、日本人は〝型破り〟と呼んで敬遠しがちです。

まわりに同調しないことをよく思わない国民性ともいえるのですが、人間の心理と体の法則からいうと、この日本的な型こそ、いろいろな弊害を生んでいるのです。具体的にいえば、失敗しないようにと育てられた人間は、失敗したときに決定的なダメージを受けてしまいます。また、それに対する社会の評価も決定的になるわけです。

一方、成功している人のことを考えてみると、九死に一生を得るような、這いずり回るような苦労をした人しか、本質的には成功していません。

成功談の中にはそういう苦労話が必ずあって、彼らはそれを人生のどこかで肥やしにしてきたのです。

つまり、失敗を決定的なダメージと感じてしまうのか、失敗を次のステップへの布石だと思えるのか。ここが大きな違いになるわけです。

欧米の場合は、失敗しないために努力はするけれども、失敗を恐れてはいけないという教育（考え方）があります。

ですから、子育ての中でも、失敗はきつい経験になるけれども、失敗を恐れない心や耐性をつくっていかなければならないということを教えるわけです。

このように考えると、用心深くて、「失敗したらどうしよう」などとネガティブなことをベースにしゃべっている人というのは、あまり成功しません。逆に、成功しそうだという人は、常に積極的な話し方をしています。

失敗を恐れない人は、冒険的で、とにかくやってみようと考えていて、やってみて、失敗してもなんとかなるという前向きな考え方をもっています。こういう部分が大事なのです。

結局、失敗ということにどれだけ勇気をもって立ち向かえるか、失敗というものに対する耐性をどれだけもっているかが鍵となります。成功だけの連続の上に、真の成功はありえません。

いい成功をするには、失敗を布石と考え、それをもバネにしていくパワーをつけることが必要なのです。

10

いいイメージは、自分の中の「おもちゃ箱」から出てくる

誰でも子供の時代（五～七歳くらいまで）は、大人よりずっと感性が鋭くて、自由にイメージを描くことができます。

目に見えるもの、見えないいものだけにとどまらず、自分の中に空想の世界をつくりあげて、実にさまざまなイメージを描くのです。

その空想の世界で思い描いたものを、おもちゃ箱にいっぱいつめて、好きなときに取り出し、また新たなイメージをつくりあげる糧にします。

こうして毎日を過ごしていくのですから、子供というのは、夢をたくさんもち、その夢に自分の未来を重ね合わせて成長していくといえます。

ところが、大人になるにつれて、だんだん現実的になり、型にはまってしまう人が

多くなります。どこかにおもちゃ箱を忘れてきてしまったのか、捨ててしまったのかはわからないけれど、現実の生活だけで毎日が回転していくようになるのです。

そのような大人になってしまうと、ある場面で自分を発見しようとしたり、自己の再発見や自己実現などをめざそうとしても、言葉が直接、体に入ってきません。頭では理解できても、理論だけの展開になってしまうのです。

つまり、やりたいことを表現しようとしたときに、なにをやりたいのかと考えると、なにもなくなってしまうのです。なにかやりたいはずだと考えているうちに一生が終わってしまうのです。

では、なにをやるかという自分の根っこになる部分はどこにあるのかというと、結局は、子供のころに戻っておもちゃ箱を探さなければなりません。

空想の世界でイメージをたくさんふくらませることができた時代に戻って、今の自分のイメージを掘り起こさなければならないわけです。

これはどういうことかというと、自分に対するイメージや自己像というのは、生きてきた過程でかたちづくられてくるものなので、その時期にどれだけの想像力を働かせることができたか、自分の未来をどれほど豊かに想像することができたかが決定的な要因になるということです。

子供のころにたくさんの夢をもっていると、大人になってからでも、自分の可能性をその中から探すことができるのです。

イメージの拡大や、自己の実現・再発見というのは、自分のおもちゃ箱を取り戻すことによって広がります。

逆にいえば、有形無形にかかわらず、子供のころにどれだけたくさんのおもちゃをもっていたかが、大人になると、重要になってくるわけです。

子供でも、このおもちゃ箱をもっていない子は、成長していく過程でつまらない人生をつくりあげてしまいます。そうならないためにも、子供には、自由な発想や自由な考え方を教えてやるべきでしょう。

このように、イメージのおもちゃ箱には、あなたの過去だけでなく、未来がたくさんつまっているのです。

11

人生の可能性を広げる三要素、磨いてますか

私たちは限りない想像力をもっています。その限りない想像力を巧みに使って、人生における可能性や広がりを、自らの手でつくりだす能力をもっています。

その想像力をふくらませる方法のひとつに、先に述べた「イメージ成功法」というものがあります。

これは、自分の頭の中に自分の好きな部屋をつくり、これまでに体験したすてきな出来事やいい経験を、その部屋に住む自分にもう一度体験させるというものです。そうすることによって想像したものが現実味を帯びて、脳のコンピュータに配線されるからです。

では、その本質であるイメージということについて考えてみましょう。

イメージするためには、なにか必要な条件があるのでしょうか。

ひとつには、〝経験〟が挙げられます。

特別に豊かな想像力や才能をもっていれば、まったく経験していないことも思い描くことができるでしょう。

しかし、私たちの多くは、自分で経験したことしかうまく想像することができないものです。そのかわり、経験したことなら何度でも繰り返し想像することが可能です。

つまり、想像するためには経験が必要だということです。

二つ目に重要なことは〝知識〟です。経験と同様に、私たちの多くは知らないことを想像することができません。

外国人が富士山を想像できないように、知らないことを想像すると、リアリティに欠けてしまうのです。ですから、その現象に対する知識をもっていることは重要な要素となります。

三つ目に大切なことは〝情報〟です。たとえば、旅行に行こうと思っても、そこがどんな場所で、どんな行き方があって、どんな荷物をもっていったらいいのかという情報がなければ、旅をうまく構成することができません。これと同じで、想像も、その現象に対する情報がなければ、実際に構成して想像することができないのです。

このように、想像するためには、〝経験〟〝知識〟〝情報〟の三要素が必要だと私は考えています。

そして、あなたがもっている三要素の質と量によって想像空間が決まってくるといえるのです。

つまり、想像の三要素が質・量ともに充実していれば、イメージ成功法も簡単に行なうことができるし、また、いくらでも想像空間を広げることができるのです。それがすなわち、自分の人生の可能性をも広げることにつながるのです。

この三要素を磨くには、とにかくいろいろなものをたくさん見て、自分の手で触れて、実感として自分のものにすることです。

行動を通してこれを行なえば、想像するときにリアリティをもつことができます。

そしてそれこそが、人生における可能性を広げることにつながっていくのです。

5章

運をつかむ人の24時間

――〝口ぐせ〟習慣から仕事術・生活術・健康術まで

1

望みは思いきり〝ぜいたく〟に！

私は学生のころから、議論をしたり、演説をしたりするのが好きで、よく人前で話をしていました。振り返ると、そのときから私が使ってきた言葉は、いつも前向きで、創造的な言葉だったように思います。

なぜなら、私はもともと北海道の出身で、都会の人たちに対して理由のない劣等感をもっていたからです。

その劣等感を払拭《ふっしょく》するにはどうすればいいか、どのように生活をすればいいかをよく考えました。そこで、自己像の形成と人生との関係に気づいたのです。

人生は自己像の確立に始まる。自己概念を変えることが、すなわち意識内容の変革に通じ、自分の人生航路を変えていく。このように考えたのです。

そこで、気づいたのが〝言葉の使い方〟です。常に前向きな言葉を使っていけば、人生はそのとおりに動いていく。ならば、意識的に積極的な言語を使っていこうと思ったのです。

「私はできる」「私にできないはずがない」「とにかくやってみよう」……。このような言葉を常に使っていました。

そして、そのころから言っていたもうひとつのことは、「人間は、いくら出世しても、それだけではおもしろくない。人生を楽しむことを知らないで一生を終わるのは、なんとつまらないことだろう。私は思う存分、人生を楽しむのだ。そして、人の何倍も働き、人の何倍も稼ぐ。そうして得た収入は実業家並みであり、趣味は貴族的。そうでなかったら、人生に張り合いがない」

私は、二十代のころから、こういうことばかりを言って歩いていたのです。

そう言って歩いてきて、実際にどうなったのかというと、私は確実にそれを実現させました。

多くの人は、十分なお金や時間ができたら、何か好きなことをやろうと思っていると言います。

しかし、お金があるからできるということではないのです。実際にお金も時間もできたら、本当に好きなことをやることができるのかというと、必ずしもできるものではありません。そこへ行くまでの土壌としての心のゆとりがなければ、なにもできないのです。

ぜいたくがいいとは思いませんが、私は自分の心を豊かにするぜいたくさはもっていたいと思ってきました。

そして、これこそが、私の人生に対する、若いときからのこだわりなのです。このこだわりが、成功者への道へとつながったともいえるのです。

2

〝失敗体験〟を私がけっして口に出さない理由

私のことを、「あなたは運がいい、順風満帆だ」という人がいます。

たしかに、私は若いときから人の何倍も稼ぐことができ、立派な家に住んでいます。

また、ヨットやハンティング、カメラ、スキーといった趣味を心ゆくまで楽しんでいます。その表面的なことしか知らない人は、私がどれほど運がいい人間なのかと思うことでしょう。

しかし、これは、私が失敗したりつらかったりしたことを口に出していわないだけのことであって、私だってなにもかもうまくやってきたわけではありません。失敗も苦労もありました。

にもかかわらず、なぜ、まわりからそういわれるのかというと、これがまさに私のものです。

これまで述べてきたように、言葉というものは、それをいった人を規定してしまうものです。

つまり、過去に失敗したことを口に出すと、必ずその失敗を繰り返してしまいます。そうして、自分を失敗しやすい体質にしてしまうものなのです。ですから、私は、なるべくそういう経験は口に出しません。

いいことばかりを話し、悪いことは聞かれても話さないのです。それがまわりからは運のいいやつだと思われる理由になっているのでしょう。

なぜ私がこのような理論をもつに至ったのか、若いときの経験をまじえて次に簡単に紹介することにしましょう。

「口ぐせ」理論なのです。

3

“不安”なときこそ好奇心をもつ！

私は、学校生活が長かったこともあって、ある時期、都会がいやになっていました。これといった定職もなかったのですが、翻訳や講師などをやりながら食べていくことができました。ですから、生意気なことをいうようですが、都会に飽きて、どこか別のところへ行きたいと考えていたのです。

そんなとき、秋田へ行かないかという話が舞いこんできたのです。私は、その話に飛びつきました。そして秋田大学で講師をし、翻訳の仕事をしながら暮らしていたのです。

実際にはヨット部の監督のほうに力を入れていましたが、これが私の人生を大きく変えていくことになります。

そのころは秋田大学に医学部ができたときでもあり、文部省（現・文部科学省）からの予算もたくさんあって、おもしろい学生もたくさんいました。

私たちは二二フィートのヨットを手づくりして、沖縄へ行こうという計画を立てていました。そして二年がかりでヨットをつくったのです。

ところが、学生二〜三人ほどで出たのはいいが、ヨットが思うように動かないのです。すぐに水が入ってしまい、頻繁に修理しなければならない状態でした。

計画では青森の突端を出て、釜石のあたりから南下するということだったのですが、どうにもうまくいきません。結局、時間ばかりがたってしまい、いつまでたっても青森あたりをふらふらするはめになりました。


そうこうするうちに、私たちのヨットに海上保安庁の船が近づいてくるではありませんか。そして「佐藤富雄は乗っているか」と尋ねるのです。

いったいなんのことかと思っていると、あるアメリカ人が私のことを捜している、私が船で海に出ていると海上保安庁に連絡が入ったので、私のことを捜しにきたというのです。

これには驚きました。私を捜しているアメリカ人とはいったい何者なのか。私にいったいどんな用事があるのか。

思い返してみると、そのころの私は、もう三十九歳で、この先人生がうまくいかないのではないかと悩んでいた時期でもありました。

夜もよく眠れず、夜中に目がさめると、ものすごい不安に襲われるのです。そしてその挙げ句、不整脈にも悩まされていました。

そのような時期でしたから、私に会いたいという人間がいるということに、まず興味を覚えました。

しかも、それがアメリカ人で、わざわざ海上保安庁にまで手を回してくるというのはどういう人物なのかと、驚きとともに、たいへん強い好奇心を抱いたのです。

結局、その好奇心に誘われて、私は船を降りることになります。

そして、これが私の人生を大きく変えていくことになったのです。

4

私がアメリカの企業に入った不思議なきっかけ

私を捜していたのは、前述したジャックという名のビジネスマンでした。

彼は、光学機器などを日本でつくり、アメリカにもっていくという仕事をはじめようとしていたようです。そしてこれから日本とビジネスをはじめるにあたり、優秀な人材を捜しにきたというわけです。

そこで、なぜ私なのかというと、日本の学生は型にはまっていておもしろみがないので、どこかに型破りな者はいないかということになったらしいのです。

その話を私が大学にいたころに助教授だった人が聞きつけ、それなら佐藤だということになったというのです。

ところが、私は秋田にいて、しかも船で沖縄へ向かっているという。それならということで、海上保安庁に連絡を入れ、私のところへやってきたというわけです。

私は船を降りると、すぐさまジャックに連絡をとりました。すると、切符もなにもかもすべて手配してあるので、すぐ東京へ出てこいというのです。指定された東京ヒルトンホテル（現、ザ・キャピトルホテル東急）へ行ってみると、彼がいたのは、なんとロイヤルスイート。部屋が三つほどもある、それは豪華な部屋です。これには驚きました。

すぐに新しいビジネスの説明を受け、ぜひ一緒にやらないかと口説かれました。

私にしてみれば、ジャックの話はもちろん魅力的で、彼の行動もしぐさも、すべてが驚きです。そこで、即座に承諾したのです。

となると、いったん秋田に戻り、荷物をまとめたり、学校を辞める手続きをしたりしなければなりません。私がそういうと、今度はジャックのほうが驚きました。

「話ならば、顔をつき合わせていなくても東京でできる。一日中話していてもいいから、ここで電話をしなさい。そんなことのために、わざわざ秋田にまで行く時間を割く必要はない」

要するに、自分の監視のもとで全部話をつけさせ、私をアメリカへ連れていこうというわけなのです。

では、着るものや身の回り品はどうするのかというと、秘書とこれから銀座へ行って、好きなものをなんでも買ってきなさいというのです。

銀座にはいいものがあるのに、なぜわざわざ時間とお金をかけて荷物を取りに帰らなくてはいけないのかというわけです。

このへんの発想がまったく違うのです。そうやって結局、三日間、私は洗脳されて、すっかりまいってしまいました。

「これはすごい人だ。これなら一緒に仕事をする価値がある」と心から思ったのです。

私は、このようないきさつで新しい仕事を得て、アメリカへ渡ることになりました。

それにしても、はじめてのきちんとした就職先がアメリカの企業になったのは、不思議といえば不思議な話です。

5

「一流のビジネス」イメージが脳にインプット！

こうしてはじめて勤めることになったのがアメリカの企業で、これが私のビジネスとの出合いになります。

それは、驚きの連続であると同時に、私の中に本場のビジネスというものの考え方がしっかりと刻み込まれる経験でもありました。

まず驚いたのは、オフィスのイメージです。オフィスは非常に機能的で、洗練されていました。

秘書にも驚かされました。ちょうど一九七〇年ごろのことです。こちらは、秘書の扱い方など、小説では読んだことがあっても、実物を見たことなどありません。

それが、若くて優秀な秘書が、真っ赤なカマロに乗ってオフィスにやってくるのです。同じ時代の日本で、このようなことは考えも及ばなかったでしょう。

もっと具体的にいうと、彼らは非常に朝早くオフィスに出てきます。六時半、七時にはオフィスで仕事をしていました。

私も、早起きして自分の仕事を片づけたり、自分のために役立つ本を読んだりして、遅くとも始業の一時間前にはオフィスに入るようにしました。

ですから、会社にいても、人の何倍も仕事ができたし、評価もされたのです。そして、それが身について習慣となっていくころには、私自身、かなりの量の仕事がこなせるようになっていました。

結局、アメリカのビジネスというものを、実際にこの目で見て体験したということが、まだ若かった私にとっては非常に強烈な刺激となり、ビジネスとはこういうものだというイメージが、しっかりと脳にインプットされました。この経験がその後の私の考えを固めていったのです。

このように、最初に与えられた印象やイメージというものは、その刺激が強ければ強いほど、強烈に脳にインプットされていきます。

私の場合、ビジネスがまさにそれで、ビジネスのやり方から派生して、収入・住まいのイメージまで、すべてこのときの体験が基本となって展開されていきました。

私がよかったと思うのは、はじめに目にしたものがすべて本物で、一流だったということです。

それまでにも想像を広げるようなことを体験してはいましたが、このアメリカでの経験はケタ違いでした。私のビジネスの第一歩は、こうしてはじまったのです。

6

〝生活環境〟の違いはこんなところに影響する

仕事のスケールや収入を考えるときに、私ははじめからハイレベルなものをイメージしていました。収入に関していえば、働きはじめた当時で、約千ドルもらっていたのです。当時の日本円にすれば、三〇万円からの給料を稼いでいたわけです。

これは当時、日本で働く私の仲間と比べると、約一〇倍に相当しました。そして、そこがスタートになってイメージがふくらんでいくのですから、必然的に高レベルの収入が、常に私のイメージの中にありました。

住まいに関しても同様のことがいえます。特に印象的だったのは、初めてボスの家に誘われたときのことです。そのボスの家というのが、また並外れて豪華だったのです。

なにしろ、家にたどりつくまでに、林の中を通り、カモが泳いでいる池を通過していかなければなりません。

はじめのうちは、そこが公園だと思っていました。カモがいる大きな公園を通って進んでいくと、ボスの家にたどりつくと思っていたのです。すると、そうではなくて、その林も池も含めて自分の家だというではありませんか。家というものの概念が、日本とは全然違うことに、あらためて驚きました。

そして家につくと、これまた豪華なピアノがあって、映画に出てくるような生活空間が広がっているわけです。

こういう家に住まないと、世界を股にかけるような大きな仕事はできないのだ。そういう仕事をするからには、こういう背景があるのだ、ということを目の当たりにして、私はまた強烈な刺激を受けたのです。

働きバチが小さな家に住むのとはわけが違います。クリエイティブな仕事をし、成功している人の生活の実態を三十代で強烈に焼きつけた私は、日本に戻ってきてからも、住まいに関してはこだわるようになりました。

独身のころから東京・港区の麻布近辺にしか住まなかったのも、そういうこだわりの表れであり、そういう場所に住む理由と恩恵が非常によくわかっていたからです。

生活空間が快適でないと、人間のクリエイティビティは育ちません。クリエイティビティが育たなければ、豊かな人生をつくっていくこともできないのです。

そういう意味においては、私はアメリカで非常に強い刺激を受け、そのとおりの人生をつくっていこうと思い描けたわけです。それが、のちのちの私の人生に、どれほどの影響を及ぼしたことでしょう。

アメリカの成功しているビジネスパーソンの生活が、私の生活をイメージする際の根源であり、はずみとなったのは間違いありません。

7

私のビジネス人生最大の〝教訓〟

私をビジネスに誘い、アメリカに連れていったジャックは、非常に優秀なビジネスマンでした。私は、彼から非常にたくさんのことを教えられました。

直接的に言葉に出して教えられたことはもちろん、彼の仕事ぶりや人との接し方を見て覚えたことも数知れません。その中で、特に印象に残り、私が今でも忘れずに覚えている言葉があります。

「おまえは夢見る男だから、私とはケタ違いに成功するだろう。しかし、ひとつだけ覚えておきなさい。ワークとジョブは違う。つまり、仕事と作業は違うということを。これは、人を使うときでも、自分自身にとっても、非常に大切なことである。ワークとジョブの違いを理解しなさい」

この言葉には非常に大きな意味があります。

物理学の法則でいえば、作業、つまりジョブは、ある運動量と時間との掛け算であるということができます。ですから、作業は八時間で終わることができるし、作業をする人は世の中にいくらでもいるのです。

ところが、仕事、つまりワークというのは創造的なものであって、誰にでもできるというものではありません。

しかも、想像力を駆使して行なう仕事は、時間や場所などにとらわれてはいられないのです。

二十四時間、どんな場所にいても、どんな時間帯でも、想像をかきたてるものがあれば、それをヒントにしていかなければならないということです。

家で風呂に入っているときにアイデアが出てくることもあるでしょう。

仲間と飲んでいるときに、いいアイデアがひらめくこともあるかもしれません。

そうして、遊んでいるとき、車に乗っているとき、家族と過ごしているときに、ひらめくものをもっているか……。

結局、仕事をするというのは、そういう生活をしているかどうかということであり、そういう生活環境をもっているかということなのです。

つきつめれば、作業は八時間、仕事は二十四時間という考え方になるでしょう。人を採用するときにも、この考えは通用します。作業をする人なのか、仕事をする人なのかを見分けて採用すれば、全体の能率もむだなく上がってくるのです。

これが、ジャックに教えられた最大にして最高の教訓であり、私は今でもこの教えをしっかり心に刻んでいます。そして、この教訓は、私の人生を本当に素晴らしくしてくれたポイントでもあるのです。

8

「いい刺激」を確実に自分のものにする法

私は、アメリカの企業に就職した当初から管理職についていました。ですから、人の何倍も苦労がありましたし、自分でも大変だと思う時期もありました。とはいえ、そういう苦労もあった半面、それ以上に素晴らしい経験が私にはありました。たとえば、若い時代にニューヨークやスイスに滞在するなど、普通の人にはできないようなことをさせてもらいました。

同じくらいの年齢の同僚たちが中間管理職で苦労している間に、私は欧米の上級管理職の人たちと接していたわけです。彼らは遊びっぷりも考え方も違います。そういう人たちにもまれているうちに、私自身も彼らに近い考え方ができるようになっていきました。

そのような経験から私が思うのは、やはり、若いうちに本物、一流のものに触れていなければだめだということです。

一流のものに触れていると、人間はそれをベースに評価をするようになります。

つまり、無意識のうちに、いいか悪いか、好きか嫌いか、正しいか正しくないか……などの判断ができるようになるのです。

そうやって、若いうちにいいものを見る目を養っておくと、常に高いレベルでものが見られるようになり、いいイメージを脳にインプットできるようになります。

ここまでくれば、私の理論にしたがって、脳でイメージすることが現実のものになってきます。

ここで押さえておきたいのは、強烈な驚きをもって接するものほど効果的であるということです。自分自身が驚きをもって刺激を受けたものは、時間がたっても消えていくことはありません。

さらに大切なのは、その驚きをまわりの人に話して聞かせることです。

くわしいしくみはおいおい述べていくことになりますが、言葉にして話すことによって、脳がその経験を何度もしたように感じるからです。

このように、若いときに受ける刺激は、なにものにも代えがたい貴重なものです。

それでは、年を取ってから受ける刺激はどうでしょうか。

私が思うに、四十歳や五十歳でも、青年と同じようなインプレッションを受けることができるはずです。しかしそれは、相当強烈なものでなくてはなりません。いいものに触れたい、出合いたいという欲求と計画性を強くもっていなければ、若いときのように脳に残っていかないからです。

逆に、そういう意識さえもち合わせていれば、六十歳を過ぎても、進化していきます。

人や仕事との出合いに限らず、旅行にしても、趣味にしても、強烈な驚きとともに接するような触れあいをもつことが、イメージをつくるためには大事だということです。

9

一日を爽快にすごすこんな習慣

前述したように、アメリカのビジネスというものを、実際にこの目で見て体験したことが、その後の私の考えを固めていったといえますが、もっとも、その経験を素直に受け入れて自分のものにしていった陰には、親の育て方が影響していたかもしれません。

というのも、私は親に「こうしなければいけない」といわれたことが一度もなかったのです。

もしこのようにいわれて育ったとしたら、できなかったときに劣等感となって、自分の中に蓄積されていったことでしょう。

ふとした〝ひと言〟が、子供の人生を悪い方向へもっていくもとになるのですから、親は注意しなければなりません。その点で、私は幸せだったと思います。

型にはめられずに育てられたおかげで、ものごとに対して柔軟に接する姿勢が自然に身についたからです。

時代的背景もあるのでしょうが、私の年代には比較的のびのびと自由に育てられた人が多いように思います。このような点が、私を今日まで引っ張ってきている要因ともいえるでしょう。


もうひとつ、私が今のような考え方をもつに至った背景を挙げるとすれば、ジョギングによってもたらされたご利益でしょう。

私は、四十歳を過ぎてからジョギングを始めました。ジョギングを始めた理由は二つありました。

一つが自分の健康、そして二つめが遅い結婚をしたため年の離れた子供と一緒に成長するためでした。子供が大きくなっても一緒に遊び、楽しみたい。そのためには足腰を丈夫にしなければならないということを考えたのです。

実は、この四十歳を超えてからの挑戦がのちのち大きな自信に変わっていったのです。

たとえば、一五分くらいジョギングをすると、大腿部の筋肉を使うことによって脳に刺激を与え、脳内でベータ・エンドルフィンを出していることがわかっています。

これが人間をハイな気分にさせるわけです。運動したあとの爽快感というのも、この物質の作用によるものです。

私の場合は、朝起きて一時間くらいジョギングをしていますが、そのあとの爽快感はしばらく続きます。

すると、朝の仕事やいろいろなものごとに対してハイな気分のまま接することができるのです。同じことでもハイな気分で取り組むと、ずいぶんと感じ方が違ってきます。

これが二十年も続くと、自分がひとかどの人間になれるのではないかと思えてくるから不思議です。

この積み重ねが自信となり、今の私をつくっていったのだと、自分では考えています。

10

〝快適な体〟をつくる究極の食事とは？

日常生活の中でも、なるべく自分を心地よい、「快」の状態に保っておくことが大切です。

たとえば、食事をするとき。これこそ、自分を「快」の状態にもっていく絶好の機会なのです。

食事は、ただ単に必要な栄養素を摂るためにするのではありません。私は、人と楽しくしゃべりながら食事をするのが好きです。これが「快」をつくり出してくれるからです。もちろん、「快」があったとしても、体に悪いものを過度に摂りすぎるのはよくありません。できれば、栄養学的にも優れたものを食べるべきです。

私はワインとチーズが好きなので、これらを非常によく飲み、よく食べます。

赤ワインは、そもそも薬として飲まれていたほどの飲み物です。聖書では、四五〇カ所以上にワインが登場し、その薬効が説かれています。ワインがキリストの血として高く評価されているのも偶然ではありません。

事実、動物性脂肪の摂取率が高い欧米諸国のうちでは、フランスの心臓病死亡率は例外的に低いのですが、これは、フランス人が赤ワインを好んで飲むせいだといわれています。

赤ワインの薬効成分のうち、たとえば、ポリフェノールのアントシアニンという色素は心疾患の予防に役立っていますし、リスベラトールやケルセチンという成分に抗腫瘍効果があることで知られています。つまり、ガン予防という点からも注目されているのです。

加えて、赤ワインには欠かせないチーズの効能にも注目すべきものがあります。チーズに含まれている必須アミノ酸のメチオニンは、肝臓の働きを助け、アルコールの分解を促すのです。事実、二日酔いの薬にも、このメチオニンは成分として含まれています。

さらに、日本人には不足しがちであるカルシウムも、チーズなら効率よく摂ることができます。だいたいチーズ一〇〇グラムで一日に必要なカルシウムが吸収できるのです。このように、ワインとチーズは、いつまでも若々しい体を保っていくうえで、最高の食品といっていいと思います。

また、こうやって、「ふむふむ、この食材はこんなふうに効くのか」と思いながら食べるのも、なかなかいいことです。なんの薬効もない偽薬でも、信じて飲めば強烈な効果をもたらすことは、「プラシーボ効果」として知られています。ましてや、実際に体にいい食べ物を食べることのよさは、いうまでもありません。

それに、「ああ、これは体に悪いんだよなあ」と思いながらものを食べるのと、「これは体にいいんだ」と考えながら食べるのとでは、「快」を出すという点から見ても、後者のほうが数段優れています。

もちろん、なにがなんでも「ワインとチーズ」というわけではありません。アルコールの中ではビールなどもいいでしょう。ビールのホップは食欲を増進させるだけでなく、神経細胞を刺激し、整腸にも有効です。その他、ビールに含まれているアミノ酸の一つ、グルタチオンには肝臓病を予防する効果もあります。

要は、食事を体と気持ちの両方に快適なものにしてもらいたいのです。

11

〝中腰の姿勢〟が健康長寿の秘訣

私は、四〇分以上のジョギングと、四〇回の四股《しこ》を踏むことを日課にしています。

「ジョギングはともかく、四股なんて……」と思う方がいるかもしれませんが……。

これは、私が運動生理学の分野でいろいろ調べてわかったことなのですが、中腰の姿勢で筋肉を刺激することは、若さを保ち、健康を維持するのにたいへん効果的なのです。

というのは、中腰で筋肉を刺激すると、血管に付着していた老廃物やもろもろの物質を溶かす酵素が体内にできるからです。

かつての剣豪たちが健康な体で長寿を保っていたのも、彼らの多くが「中腰の姿勢」を取り入れたことに関係がありそうです。

現代でいえば、スキーなどは「中腰スポーツ」の代表格でしょう。そういえば、名スキーヤーであった三浦敬三氏は百一歳まで現役で活躍していました。

また、相撲で四股を踏む力士たちの体は、私たち一般人が思っている以上に健康的です。だいたい、あのような巨体をぶつけ合うことを仕事にしていながら、なおあれだけの状態を保っているのは、本当にたいしたものなのです。

平均寿命が短いように思われているのは誤解で、もちろん、不摂生をした親方が短命なのはしようがありませんが、現役を退いても四股を踏んでいる親方は総じて元気です。

四股のいいところは、男女を問わず、また、場所を選ばずにどこでもできるということです。ポイントは、四股を踏んだとき、腰を深く落とし込むこと。

もちろん、これも赤ワインやチーズと同じで、誰もがジョギングと四股をやる必要性はありませんが、これまでにやったことのない方は、こんな習慣を生活の中に取り入れてみてもいいと思います。

そのときには、まず、自分でやっていて気持ちいいものを選ぶこと（「快」の原則です）、そして、なるべく手軽にできるもののほうがいいでしょう。

とにかく、ウォーキングやストレッチ、水泳などの「快」を生み出すものを一つか二つもっているというのは、とても大きな財産になります。

また、「思考を楽天的に」といわれても、なかなかそれを実行するのは難しい、という人もいるでしょう。そういう人は、ぜひ、なにか軽い運動で「快」をつくり出すこの方法を試してください。

一度「快」の状態がつくり出されてくると、自分の思考が、いい意味で楽天的に動き出すのが実感できるはずです。

それに、この運動は、やっているうちに「くせ」になります。「快」の状態を日常的に保つのに効果的な方法として紹介するゆえんです。

12

“一段上のレベル”に行く人のものの見方

生活空間というと、日本人は持ち家にこだわるようです。その結果、わが家をもつことを第一に考え、そういうイメージが先行してしまうのですが、これは、多くの人が生活空間の本当の意味を知らないからです。

本来、生活空間とは所有するものではなく、利用するものなのです。所有することに努力をしてしまうから、自分がもてる限界のところで妥協しなければならなくなります。

しかし、それを自分が占有する場所だと考えれば、家自体にこだわる必要がなくなってくるはずです。

なぜなら、今欲しい生活空間と来年欲しい生活空間は、状況の変化とともに変わっているかもしれないからです。

そういう理由から、私は若いころ、ホテルとマンションに交互に暮らしていました。そのときの気分や状況において、最適だと思うほうを選んでいたのです。

ある時期、私は東京の高輪プリンスホテル（現、グランドプリンスホテル高輪）に住んでいたことがあります。

そして、毎朝七時にホテルのロビーラウンジでコーヒーを飲むのを習慣としていました。そのコーヒーの値段は一杯五〇〇円くらいという、そのころとしてはかなり高いものだったと思います。

あるとき、ホテルに私を訪ねてきた人が、五〇〇円のコーヒーを飲む私を見て、えらく感心したのです。そして、自分にはそういうまねはできないといいました。

そこで、私はこう答えました。

「そういう考えをしている限り、あなたは上へは行けませんよ。せいぜい部長止まりでしょう。私は今ここで、あなたの月給と同じくらいの三五万円の部屋代を毎月払っていますが、もったいないとは思っていません。五〇〇円のコーヒーを飲むことだって同じです。それはどういうことかというと、このラウンジの外に見える二〇〇〇坪の庭を、私は自分の庭だと思っているからです。これだけ広大な庭をもち、しかもその手入れもしてもらっている。実にきれいな庭の景色を前においしいコーヒーを飲むことができるうえ、五〇〇円で庭の手入れまでしてもらっていると思えば、安いものでしょう。そう考えると、このコーヒーはタダと同じですよ」

その人は、「本当にそう思うのか」と何度も聞き返してきましたが、私は本当にそう思っていました。

ある人にとってはむだだと思えることでも、別の人には価値のあることがあるように、考え方を変えると、同じことでも、このように違ってくるのです。

これは、ひとつの発想の転換です。

ひとつのことを違う方向から見つめてみることでこのような違いが生まれるのだとしたら、自分の置かれた状況さえも発想次第で変えていくことができるでしょう。また、それが幸せを呼ぶこともあるのです。

13

日常のマンネリをちょっと破ってみるには……

人間には、いろいろな考え、アイデア、思いつきがあります。内容によっては、その人がどんな可能性をもっているのかを表しているともいえるでしょう。

ドングリにたとえてみると、ドングリは樫の木になる可能性をもっています。

ここで問題となるのは、ドングリがどう転がるかではなく、可能性として樫の木になれるか、ということなのです。

ドングリは、植物として発芽し、成長できる条件さえそろえば、樫の木になることができます。では、人間の場合はというと、感情という条件がそろえば成長していけると思うのです。

感情が豊かで、おだやかで、肥沃でなければ、この芽は育ちません。したがって、発想を転換するということは、この感情を耕すことだと思うのです。

耕さなければ、感情の畑は固くなって、水分も取り入れず、根も張らなくなってしまいます。耕すということは、つまり、発想を豊かにするということです。そして、それを習慣にするということなのです。

私は人に、朝食は家で食べているのかと聞くことがよくあります。

すると、たいていの場合、食べたり食べなかったりという答えが返ってきます。

ホテルで食事をすることはないのかと重ねて聞くと、泊まったときはありますと返事をします。

しかし、私が聞いているのは、そんなことではありません。ふだんの生活とは違う空間を、意識的にもつことができているかどうかということなのです。

そこで、私は次のように話します。

「オフィスへ仕事に行くときでも、マンネリ化していると思ったら、どこかで生活のリズムを変えてみなさい。朝一時間、早起きをして、ゆとりをもってホテルで朝食を摂ったり、ロビーで新聞を読んだりというようなことをやってごらんなさい。いつもと違う空間に自分を置いてみるのです。しかも、計画的にではなく、朝、目ざめたときに、思いつきでやってみるのです。そういうことが、いろいろなことのヒントになってくるはずです」

結局、これも発想の転換なのです。マンネリ化した日常をほんの少しだけ変えてみることによって、自分自身をいつもと違う気持ちに生まれ変わらせるのです。

時間が許せば、県外へふらっと行ってみるのもいいかもしれません。私は京都が好きなので、時間があくと出かけていきます。そういうことで、頭も心もリフレッシュさせるのです。

発想を転換するということは、感情の畑を耕し、肥沃にして、新しい芽を出させるということ。

新しい芽は、マンネリ化した考えとは違った視点でものを見たときに生まれます。それが、仕事や生活に刺激を与え、なにかしら新しいヒントを生み出すこともあるのです。

ですから、発想の転換が生み出すひらめきやアイデアを大切にすべきなのです。

14

「一人時間のすごし方」で生き方が決まる

世の中にはいろいろな価値基準がありますから、なにをもって一流と判断するかは、その時々によって違ってくると思います。

しかし、仕事や生活をもっとよくしたいと思うなら、気持ちのもち方、心の在り方がそれを大きく左右すると私は思うのです。

常に向上心をもって前向きに生きることは、それ自体、価値あることですし、心に余裕やゆとりをもてるということは、最高のぜいたくではないでしょうか。

俗にいう〝一流ブランド品〟を身につけることよりも、大きな夢を実現すべくイメージの空間を広げていくほうが、より価値あることのように思えるのです。

もちろん、お金を使うことも、一流ブランド品を身につけることも、状況や考え方によっては大切なときもあります。

たとえば、仕事で人と交渉する、人を説得する、ビジネスをより大きなものにするために優秀な人材を引き抜く……、このようなときには、食事にしても、一流の店に連れていくべきです。

それだけの誠意をもってあたらなければならないときは、お金だって豪勢に使わなければなりません。

決めるときにはビシッと決める。そういうセッティングのしかたや相手のもてなし方、待遇のしかたなどを、私はアメリカ人のビジネスマン、ジャックに教えてもらいました。

そして、ジャックは一流というのがどういうことなのか、それがどんなに得なことか、また大事なことなのかも教えてくれました。

ビジネスに関しては、私は彼の影響を多大に受けています。今は亡くなってしまいましたが、彼が生きていたら、私の人生はさらに変わっていたかもしれません。

そのジャックが教えてくれたことで、今でも覚えていることがあります。

それは、投資する対象は、家でもなければ土地でもなく、自分自身の〝遊び〟だということでした。

この場合の〝遊び〟というのは、日本でいう女遊びや酒を飲むということではなく、自分の想像空間を広げられるような〝遊び〟ということです。

たとえていうなら、一人旅をする、ヨットでクルージングをする、スキーをするなど、一人で想像できる時間をどうやってもてるかということです。一人のいい時間がもてなければ、他人とのいい時間などもてるわけがありません。

まず、自分自身が充実できるための時間をもつこと。そして、それを実現するためには、お金をかけて少しぜいたくをしてみることも大事でしょう。

こういうことに時間とお金を使うのだと、私はジャックに教えられました。

そしてそれが、私の人生に対する考え方、生き方の方向を、たしかなものに変えてくれたのです。

15

「イメージ力」があれば、なんでもできないことはない！

私は結婚が遅かったので、四十歳を過ぎてから息子が生まれました。そのときに考えたことがいくつかあります。

当時から、私は健康問題を研究していたので、自分でわかっていることがありました。それは、息子と対話することの大切さです。いい換えれば、息子の成長に対して最大の関心を示すということの重要さです。

これは、子供にとっていいだけでなく、親の私にとってもいいことなのです。なぜなら、子供と一緒に自分も成長できる。

つまり、もう一度、成長過程を繰り返すことによって、私自身が若くなっていくからです。脳と体との関係を考えても、これはたしかなことなのです。

しかし、子供をもてばどの親もこのように若くなっていきます。ほかの親とどこに違いをつくるか、私の場合は、「子供と一緒に遊べること」「子供と一緒になんでもできる親」という点でした。

なにしろ、私は四十を過ぎていたのですから、子供が一人前になるころには、五十代の半ばになっているわけです。

そのときに、子供が「お父さん、待ってよ」というような親になりたい。つまり、子供がついてこられない世界を私がもっていたら、子供はおやじを違ったかたちで尊敬しながら対話ができるだろうと思ったわけです。

そのためには、体をきちんとつくっておくべきだと考えました。足腰をきちんとつくっておくことの重要さを感じたのです。

そこで、前述したようにジョギングを始めました。毎日欠かさずつづけ、自分でも体力的には二十代だと自信がもてるくらいまでになりました。

しかし、なにか物足りない。なにかもっとできることがあるはずだ、と思えてきました。

その当時、学芸大学に運動生理学の有名な先生がいて、私は、その先生に「一番ハードなスポーツはなにか」と尋ねてみました。すると、スキーだというのです。中年にとってスキーがスポーツの中では一番ハードであろうと。

けれども、私にはすすめないといいます。いくら体力的に自信があっても、技量が身につくわけがないから、考えているようにはできないだろうというのです。

しかし一度そう聞いてしまったら、なんとしても実現したい。それに、私のイメージの理論を活用すれば、できないはずがない、という自信があったのです。

私にはこれだけの足腰と肺活量がある。しかも、頭の中に滑るイメージが入ってしまえば、体がそのイメージに支配されるはずだ、という理論です。

ところが、無情にも、その先生はいいました。「技術を身につけるためには、理論だけではだめだ。実際に体を使って覚えなければならない」。

そういわれても簡単に引き下がるわけにはいきません。私は、私の理論を実証したかったのです。無理だといわれたスキーに挑戦しようと思ったのは、それを試したかったからにほかなりません。

当時、私の目を引いたのは、ある航空会社の機内の広告放映で行なっていたスキー旅行のキャンペーンでした。そのデモンストレーションに使われていたフィルムの中に、ひときわ目立ってうまく滑る人が一人いました。その人の滑り方を見ているうちに、私はこれだと思いました。この人の滑りを吸収しようと思ったのです。

そこで、その航空会社の本社にさっそく電話して、尋ねました。すると、その人はプロのスキーヤーで、北海道のプロスキースクールの校長だというのです。

それから私はすぐそこへ行ってお願いしました。どうしてもスキーが上達したいので教えて欲しいといったのです。

ところが、ここでも私は断られました。体力があるのはわかるが、プロのスキースクールでやるのは無理だといわれたのです。

しかし、私はなんとしてでもこの校長に教えてもらい、自分の理論を証明したかったので、めげずにこう言いました。

「校長はご存じないと思うが、私は自分なりの理論をもっている。だから、とにかく一年間試して欲しい。私はきちんと通ってくるし、それでだめなら、二年目は来ないから」と。

ただし、ここで、私はひとつの条件を出しました。それは、〝いつも私より先に校長が滑ってから教えてくれ〟ということでした。

するとそんな教え方はしないといわれました。しかし、私は引き下がりませんでした。これが私の理論なんだといい張って、この条件だけはのんでもらいました。

なぜ、校長に先に滑ってもらうのか。これが私の考えるイメージの理論だからです。

一日中、校長のきれいな滑りを見ていて、その映像を頭の中に焼きつける。それを繰り返し繰り返し、何度も頭の中にイメージして、私の体がその像を表現できるようにしたのです。その結果、どうなったか。一年目の終わりごろには、上級のバッジテストを受けるまでに上達してしまったのです。

これには校長も驚いて、信じられないといいました。しかし、理論的には簡単なことです。

つまり、これまで何度もお話ししてきたように、脳と体の関係を応用し、頭の中にイメージを焼きつければ、体が支配されて、それができるようになっていくのです。

三年たつころには、私は世界中のどこの山に行っても大丈夫だといわれるくらいになりました。

このように人は誰しも明確にイメージをしつづけ、挑戦していくことで、不可能といわれたことも可能にする力をもっているのです。

16

投資効果の高い「遊び方」とは？

仕事と遊びは、どちらも同じように大切です。

ただ、私にとっての値打ちというか、投資効果は、遊びのほうが高いように思います。当然のことながら、仕事はいやなこともやらなければなりませんが、遊びは楽しいことのほうが多いのですから。

では、仕事と遊びのバランスを、どのようにとっていったらよいのでしょうか。

私の場合は、仕事も遊びも同じように重要と考えているので、どちらかにかたよった考え方はしていません。それがよく表れているのがスケジュール表で、私のスケジュールにはあきがないのが特徴です。

どのように仕事と遊びを組み込んでいくのかというと、基本的には、まず仕事の予定が優先して入ります。

そして、仕事があいたところに遊びの予定が入ってきます。ただ、遊びの予定といっても、そこがあいたから入れるというよりも、きちんと私のスケジュールの一部として最初から組み込まれているのです。

仕事の合間に遊びの予定を入れるので、用事があって家にいることはあっても、なにもしないで家にいる日というのはつくりません。私には、予定がないということがないのです。

ぎっしりと埋まった私のスケジュールを見た人からは、よく働きますねえ、たいへんですねえといわれます。

たしかによく働いています。しかし、遊びもきちんと組み込まれているので、私にとってはたいへんでもなんでもないのです。これが、私流のバランスのとり方といえます。

誰でも、その人なりの時間枠の決め方があってよいと思います。

今は仕事に重点を置く時期だと考えるならそれもよいし、六十歳を過ぎてからの黄金の二十年を生きている人は、自分が一番楽しめることに十分な時間を割いたらいいでしょう。要はバランスのとり方です。自分にとってのバランスがうまくとれていれば、快適で心地よくすごせるはずです。

ただ、忘れてはならないのは、いつでも遊び上手でいることでしょう。いくら仕事で忙しいからといって、遊ぶことを忘れてはいけません。遊びによってはぐくまれる土壌なくしては、よりよい人生などありえないからです。

これからの人生は、遊びの内容と時間枠の取り方、そして自分が心から楽しめる日常を送っていけるかということが、私にとっても、読者のみなさんにとっても、共通した問題だと私は思っています。

17

“ひらめき”がどんどんわいてくる旅をしよう！

仕事と遊びの関係について、ふれましょう。

未知なるところへ旅をすると、そこで大きな感動を受けることがあります。

このような新鮮な驚きによって、脳のキャパシティは広げられ、イメージや空間がどんどん拡大していくのです。また、それ以上に、場に応じた柔軟な思考ができるようになるので、仕事にも大いに役立ってくるでしょう。

この柔軟な思考というのは、仕事を進めていくうえで大切な要素です。

特に、クリエイティブな仕事をしていきたいと思っているのなら、柔軟な思考性をもって、多面的にものごとを捉えていかなければなりません。

そのときに、ひらめきや思いつきによるアイデアをどれだけ出すことができるか、その土壌となる生活空間をどれだけもっているかが、その人の価値を決めるのです。

自分が理想とする生活空間に住んでいると、その空間の中で、思うようにイメージを広げていくことができます。理想のかたちが目で見え、手で触れられるのですから、イメージを描きやすくなるのです。

そして、たまに旅に出たり、自分を異空間に置いたりすることによって、また違った想像力を導き出せるようにもなります。

そこで、旅ということを考えてみると、多くの人は、旅行会社によって決められたスケジュールに乗って観光をするとか、日ごろの疲れをいやしに温泉に行ったりします。

しかし、そういう旅はちっともおもしろくないし、刺激も与えてくれません。私は、そういう時代は終わったと思うのです。

広大な自然に触れられるような場所へ、そのときの気分にまかせてフラッと出ていく。これもひとつの方法です。

あるいは、もうひとつの方法として、強烈に文化や文明のにおいのするところへ出かけていくことも必要なのです。

それは、大都会のニューヨーク、パリ、ロンドンなど、どこでもいいのですが、人がうず巻き、活気とともに大いなる刺激を与えてくれるような場所で文化・文明の刺激を常に浴びていないと、時代に即応した卓抜なアイデアやひらめきは出てきにくくなるからです。

クリエイティブな仕事、人生をおくるためには、このようなことが、とても重要になってくるのです。

18

「年齢」に対して偏見をもっている人は要注意！

ひと昔前の時代の老化のイメージは、二十五歳ごろが生命力のピークで、それ以降は、徐々に衰退の一途をたどると考えられていました。

縦軸を生命力の度合い、横軸を年齢として図式化すると、年齢を重ねるにつれ、生命力がゼロに近くなり、老化の度合いが大きくなります。古い時代の老化モデルは、このように表現されたのです。

ところが、寿命が延びた現代では、この老化モデルは当てはまりません。老化という言葉がもう似合わないくらい、活気にあふれた生活を送っているお年寄りが多いからです。

このため、新しいモデルは老化とはいわずに、加齢モデルといわれているほどです。

新しい加齢モデルは、古いモデルとはまったく違う線を描きます。

古い老化モデルでは、二十五歳をピークに生命力が徐々に下降していくのに比べ、新しい加齢モデルでは、死ぬ直前まで生命力が成長を続け、突然、死が訪れると考えられています。グラフにすると、直角型とでもいえるでしょうか。これは専門の研究でも明らかにされていることです。

生活していくうえで弊害となるような心身の機能の低下や老化は、昔考えられていたようには起こらず、機能は死の直前まで高い水準に維持され、その後、急速に低下して死を迎えるというのです。心理学の研究からも、言語能力や人格などは、生涯発達すると考えられています。

しかし、なにも考えずに生活を送っていたのでは、この新しい加齢モデルのグラフの上を歩くことはできません。生涯現役で、死ぬ直前までいきいきと暮らすためには、それなりの心構えが必要なのです。

それにはまず、年を取ることや年齢に関する偏見を捨てること。

年だから、あれができない、これができないといわないことです。

そして、年齢に関係なく、なににでも挑戦する心が大切です。

いろいろな経験を積み重ねていくうちに、新しい自分を発見したり、成長して豊かになったりしている自分を感じることもあるでしょう。

このようなことが脳を刺激し、ますます脳の成長を促すのです。また、脳の働きが活発になると、体のほうも活気にあふれてきますから、元気がわいてくるのです。

結局、大事なのは、〝考え方〟です。年齢に対する考え方によって、新しい加齢モデルを歩むのか、古いモデルを歩くのかが決まってきます。

いくつになっても自分の可能性がしっかりと見えるようなら、新しい加齢モデルを歩いていけるのです。

19

「いい仕事」ができる人間かどうかは〝顔〟で判断できる

年を取っていくうえで、男性にも女性にも重要なことは、〝顔〟の表情です。四十歳になったら自分の顔に責任をもて、という言葉もあります。

毎日どういう責任を遂行しているかで、その顔は信頼に値する表情になっていきます。

まったく責任のない、その日暮らしの仕事をやっていた人間の顔には、信頼性を感じられる表情は出てきません。

そういう意味においても、顔というのは、四十歳を過ぎたら絶対にごまかせないのです。そして六十代、七十代は、これからの時代においてはまだまだ現役ともいえるのですから、〝顔〟はものすごく重要です。

女性の場合はとくに、時代の変化の影響は大きなものがあります。昔は、子供が三人も四人もいるのが当たり前で、ある程度の年齢になったら、誰もがお母さんの顔をしていました。

しかし、今は女性の生き方も多様化しており、たとえ子供がいても、お母さんの顔から脱皮するような時代になっています。

現代はどんな選択でもできます。そして、その選択によって自分がどう変わっていけるのか、どう生きていくのかが決まってくるのです。

そこでもうひとついっておかなければならないことは、男女を問わず、人間がいちばん成長できるのは、仕事という手段を通してだということです。もちろんどんな仕事でも、です。

仕事とは、自分を成長させてくれる、このうえなくラッキーなチャンスだと捉えている人は、仕事のほうから近づいてくるでしょう。そして、いい結果を運んできてくれるものなのです。

しかし、仕事はつらいものだとイメージしている人には、いつまでたってもつらい局面しか見えてきません。

いい顔、いい表情というのは、いい仕事を通して、いい人との触れ合いがあってこそ生まれてくるものなのです。ですから、仕事というのは、自分が成長するのに必要な媒体、道具だというくらいの認識をもっているとよいのです。

そして、男性も女性も、看板である自分の顔をつくっていくのは、自分自身だということも認識しておきましょう。

20

脳の〝前頭葉〟を効率よく刺激する法

人間は誰でも、いい男やいい女に会うとドキドキするものでしょう。それが自分の好みのタイプだったとしたら、なおさらです。女性なら、いい男を見たとたん、あわてて化粧室に駆け込み、口紅を直すかもしれません。

また、そういうときは、口調もていねいになり、自分のどこにこんな優しい女がいたのだろうと思うくらい、柔らかなほほ笑みを投げかけてしまうかもしれません。

しかし、この気持ちが重要なのです。異性に対するときめきが体に与える影響というのは、実に大きいのです。

男の人にとって特に大事なことは、助平《すけべい》でなければならないということです。いい女が目に入らなくなったら、男はだめです。

なぜなら、脳の三分の一ぐらいを占めている前頭葉という部分が、愛や恋心、トキメくような心情から、色気から、想像力から、いろいろなものをつかさどっているわけですが、ここがさびついてしまうとだめなのです。

さびつかないようにするには、いろいろな手だてを講じなければなりません。

ある作家は、七十歳や八十歳になって女性を口説けない人は成長しないし、人生が充実していくような思考は難しいだろうと書いています。いかがわしい考え方こそ、前頭葉に刺激を与え、想像力を広げるというのです。

結局、男性も女性も、いい男、いい女を見てすてきだと思う気持ちをもてるということが大事なのです。

また、それは、心にしゃれっ気があるということでもあります。心にしゃれっ気がないと、仮に目の前にすてきな人がいても、目に入ってこないのです。そして、毎日こういうことを意識していくことは、自分を意識することにつながります。自分を意識するということは、異性の目を意識することでもあるのです。

人間の本性として、自分を美しく見てもらいたいという気持ちがあります。

これはつまり、異性の目から見て魅力的かどうかということです。そのために、女性は化粧をするわけですし、男性でも服装に気を遣ったりするでしょう。

こういうことが心や脳に刺激を与え、自己像の容姿に対する意識を、非常にはっきり自覚していくことにつながっていきます。

そうなると、どういう変化が起きてくるのか。

人間の体の中にあるホルモンの系が変わる。つまり、ホルモンの流れが変わるのです。ホルモンというのは、目の輝きや魅力に大きく影響しますから、必然的に魅力ある顔つきに変わってくるというわけです。

このように考えてくると、異性を意識することが、心にハリを与え、それによって表情も明るくなってくることがわかります。それがいつまでも若くいるために、とても重要なことなのです。

〝若さの秘訣は異性の目にあり〟、というところでしょうか。

21

「やりたいことがない」人は、ここに問題がある

今の日本は長寿社会といわれていて、七十代、八十代まで元気に生きるのは当たり前になっています。

男性なら、退職してから二十年以上の年月があるわけで、この二十年というのが、人生において黄金の時代だと私は思うのです。

では、黄金の二十年を、どのように生きていったらよいのでしょうか。

女性の場合は、自分のやりたいことや挑戦してみたいことに、比較的抵抗なく進んでいっているように思います。

女性のほうが柔軟で、考え方や行動に制限がないということもあるのでしょうか。問題は男性です。

私の講演会でも最近は男性が増えてきて、話をすることが多くなりました。

そのとき、「あなたたちはいい年齢になった」「地位も生活も問題ない」「子供も順調に育った」「顔もすてきなジェントルマン風になっている」……こういう話をすると、みなさん、一様にうなずきます。

ところが、「会社を辞めてなにをしますか。黄金の二十年をどのように過ごしていくか、その手だてはありますか」と聞くと、なにもないというのです。

逆に、「私はなにをすればいいでしょう」と聞いてくるのです。これは問題です。

しかし、現実に、このような男性は少なくないでしょう。

会社ではあんなに元気だったのに、それ以外の場での適応性がない。つまり、仕事のパターンしかないのです。こうなってしまうと、六十歳から八十歳までの二十年間は、黄金の二十年どころか、とても寂しく、長いだけの二十年になってしまいます。

そこで考えてみたいのは、六十歳になったときにやりたいことを探しても、はたして見つかるのか、ということです。

なぜなら、自分が本当にやりたいこと、楽しみたいことというのは、その動機が子供のころにつくられているものだからです。

子供のころの遊び残しが、年齢を重ねて余裕が生まれたときに意味をもってくる。すべてが子供のころの残像なのです。

子供のころにどんなことに興味をもっていたのか、自分の可能性を拡大するような想像をどれだけしてきたのかが、大人になったときに生きてくるのです。

こう考えると、日ごろから想像の幅を広げるような習慣をもっていなくてはいけないことがわかるでしょう。

もう子供時代に戻れないとしたら、そのころの自分を思い返して、やりたかったことを探し出す必要もあるでしょう。

黄金の二十年は、子供のときの遊びの延長なのです。お金と知恵と時間がある分だけ、子供のころより確実に遊びを楽しめる時期なのです。

この二十年をいかに生きるか。それは、あなたが今をどのように生きるかにかかっているともいえるのです。

22

「言葉の効果」は〝形式〟で決まる

日本人が言葉の天才であるということは、私だけではなく、欧米人もいっていることです。

日本語の大きな特徴は、語彙が豊富にあることで、ひとつのことを表現するのに、さまざまな表現方法があることです。

一方で、日本語の表現は曖昧だともいわれます。起承転結をつけて論理的に話すのには向いていないといわれますが、この二つの特徴は裏返しと考えることができるでしょう。

相手に事実を伝えるための言葉を〝外語〟といい、話した人の心を表す言葉を〝内語〟といいます。

たとえば、外語というのは、「この道をまっすぐに行って、左に曲がりなさい」というように、言葉をひとつの記号として使う方法です。これは、意思を伝えるために言葉を使うのであって、人間の心を動かすものではありません。

これに対して、内語というのは、「あそこの赤いチューリップがきれい」というように、心を表しています。

言葉を発したときに、その人の自律神経系に反応を及ぼすのは、外語ではなく、この内語なのです。

そして、日本語の特性は、外語にはあまり向いていませんが、内語としては素晴らしいものであるということです。

人によっては、日本人はユーモアに欠けるという人があります。

しかし、それは日本人が内語に長けているからであって、わざわざ大げさなジェスチャーをしたり、ことさら駄洒落などをいったりしなくても、その人の心の微妙なあやを伝えることができるからです。

そんなことができる日本人だからこそ、口ぐせが大きな威力を発揮するわけです。

私の口ぐせ理論が、いかに科学的であって、日本語の特性を生かすものかがおわかりになったでしょうか。

ぜひとも、この言葉の力を信じて、毎日の生活の中で口ぐせを有効利用していただきたいと思います。

想像は言葉でするものです。ですから、口ぐせという方法で意識的に言葉を使うことによって、脳の中で新しい自己像のイメージがかたちづくられ、そのイメージはそのまま体の反応系を通して実現していくのです。

「自分はもう年だから」と口にしてしまえば、やはりそれなりの老人になってしまいます。

「自分は青年だ」といつも口にしていれば、八十歳になっても九十歳になっても、考えているとおりの若さを保つことができるのです。

23

どんな人にも効く「究極の口ぐせ」

私は言葉の力を知っていますから、健康の話をしているときであっても、こうしたら心臓病になるとか、ガンになるとかいう話は絶対にしません。

話すのは、こうすればあなたは百歳まで元気だといった内容です。

すると、繰り返し述べているように、言葉はそれをいった本人にご利益があるのですから、このことは私自身に返ってくるのです。これは、私の口ぐせのひとつといっていいでしょう。

誰もが私と同じ口ぐせを使う必要はありません。とにかく、自分にとって「快」になれる言葉を使えばいいのです。

松下幸之助さんや本田宗一郎さんのように、立派な業績を残した人たちもまた、それぞれ自分の口ぐせをもち、そのとおりに生きていました。

松下幸之助さんは、「水道の蛇口をひねるように便利さを届けます」といって、さまざまな商品を人々に提供し、本田宗一郎さんは、「やってみなければわからんじゃないか」といって、それまでできるわけがないと思われていたことを、一つひとつ達成していきました。

どんな言葉でもいいのです。その人なりの言葉をちゃんと使うことが大切なのです。それでも、どんな人にも通じる「究極の口ぐせ」があるのは事実です。このひと言だけで、人生はだいたいうまくいくという口ぐせです。

それは、「これでいいんだ」という言葉。

一日の中でも、一度や二度は望まないことが起きるものです。

会いたくない人に会うことになったり、財布を落としたり、仕事で失敗してしまったり……。こんなとき、この言葉が口から出るようになれば、あなたの人生が大きく変わることは疑いありません。

つまり、起こったことは、すべてこれでいいんだと受け入れるのです。

なぜいいのかなどは、考えなくてもかまいません。口に出してしまえば、あとは脳全体がパワーを全開させて答えを探し、それでよかったという結果にしてくれるのです。

私もこれまで、さまざまなトラブルがありましたが、そのトラブルを口にすることはありません。その代わりに、「これでいいんだ」という言葉を口ぐせにしているのです。

すると、本当に不思議なことに、どんな大きなダメージを受けても、脳がきちんと解決してくれるのです。いわば、これがツキの原点ではないかと私は考えています。

場合によっては、五分間ぐらいで、そういうことなのか、と意識として認識できるようになるかもしれません。ときには、答えが意識としてまとまらない代わりに、何日もしてから結果が目の前に出てくるかもしれません。

このとき、個人の記憶力とはまったく違ったレベルで脳が活動しているのだと思います。

おそらく、人類五〇〇万年の歴史の中で培ってきたものを使っているのでしょう。これならば、誰もが使えるはずです。

24

「人に話す」は、実は「自分に話している」

私の理論がある程度わかってきたと思ったら、私の話の中で納得できるものを、誰かに話してみるといいでしょう。これもまた、言葉の力を利用する方法です。

たとえば、二〇人の人間に、自分の納得したところを話そうと決心したとしましょう。たぶん、一日に二人くらいになると思いますが、何日もたつにつれて、自分に大きな変化が起きていることがわかることでしょう。

ただし、大切なのは、〝本気で話す〟ことです。

でも、自分の意見にする必要はありません。あくまでも、〝佐藤富雄〟という人がこういっていたといえばいいのです。いったん言葉に出せば、それは佐藤がいっているのではなく、言葉にしたその人のものであり、言葉を発した人のご利益になるわけです。何度口にしたらいいということはありませんが、六回も言葉に出したら、潜在意識下に入ると考えていいでしょう。

もちろん、私の本だけではありません。いい本を読んだり、いい話を耳にしたりしたら、それを相手が納得できるように話す習慣をつけるといいでしょう。ひとつの話を六回すれば、自分の身についてきます。

そう思うと、お経を読むというのは、実に優れた合理的な方法であると感心します。お坊さんにとって、読経は毎朝のつとめであり、これを毎日繰り返すわけです。まさに、仏教は言葉の力を知っていたのでしょう。親鸞の究極の言葉は、「南無阿弥陀仏」でした。いわば、これが口ぐせだったわけです。そして、この念仏さえ唱えればいいのだと人々に説いたわけです。

ところで、人に話をするときに気をつけなければいけないのは、悪いことはけっしていわないことです。いやなことを口にすれば、当然、それが自分の脳に入ります。

逆に、いいことを口にすれば、相手も気持ちいいですし、それ以上に自分の人生が開けてきます。単純なことのようですが、この効果は絶対的なものです。ぜひ実行してみてください。

おわりに――理論的で実行は簡単、確実な効果！それが「口ぐせ理論」です

さて、私はこの本で書いた話を、はじめは三〇人ぐらいの人の前で話していました。佐藤スクールと呼ばれるものが始まったのも、私の話に興味をもってくれた人が何人かいたことによります。

ところが自分たちだけで勉強をしていた人たちが、次々に仲間を連れて集まるようになり、十年の間に、その輪はどんどん広がり、年間九〇〇〇人前後の人たちが佐藤スクールに集まってくるようになったのです。

どうしてそのようになったかというと、初期に勉強をした人たちが、いろいろな分野において、仕事や生活や生き方に、私の「口ぐせ理論」を実践してみたというのです。そして、私のいったとおりだということになり、その人たちがどんどん生活に取

り入れていったようなのです。すると、それを見ていた人たちが興味をもち、関心をもち、参加するようになってきました。それが年間九〇〇〇人もの人たちが集まるようになった理由なのです。

結局、私が話してきたことが日常生活に密接に結びついていたからこそ、ここまで興味をもってくれる人が増えたのでしょう。

そして、もうひとつには、自分でいうのもなんですが、私の理論が論理的であるところも人気の秘密といえるのではないでしょうか。

これを一冊の本にまとめようと思ったのは、私の「口ぐせ理論」をより多くの人に伝えたかったこともありますが、私の佐藤スクールに来たくても来られない人たちにも、この考えを届けたいという願いがあったからです。

本書が、あなたの幸せに少しでもお役に立てれば幸いです。

そうなることを祈りつつ、ペンをおきます。

佐藤　富雄

本書は、小社より刊行した同名の文庫本を再編集したものです。

運命《うんめい》は「口《くち》ぐせ」で決《き》まる

著　者——佐藤富雄（さとう・とみお）

発行者——押鐘太陽

発行所——株式会社三笠書房

〒102-0072　東京都千代田区飯田橋3-3-1

https://www.mikasashobo.co.jp

印　刷——誠宏印刷

製　本——若林製本工場

ISBN978-4-8379-2552-1 C0030

本書へのご意見やご感想、お問い合わせは、QRコード、
または下記URLより弊社公式ウェブサイトまでお寄せください。
https://www.mikasashobo.co.jp/c/inquiry/index.html